Über dieses Buch

Die Geschichte der Zigeuner lag jahrhundertelang im dunkeln. Erst vergleichende Sprachstudien ergaben ihre Herkunft aus Südindien. So wurden dann auch diese Märchen in der Romansprache erzählt, die dem indischen Sanskrit verwandt ist. Dieser Band versammelt die schönsten Märchen der Nagelschmiedzigeuner, in denen sie ihre Erfahrungen, ihre Sehnsucht und ihre Weltanschauung verwoben; sie sind ein Spiegel ihres unsteten Lebens. Das Erzählen war das Amt der Männer. Wie das Handwerk vererbten sich die Märchen von Generation zu Generation. Sie gehörten zum Alltagsleben dieses Volkes, das, überwiegend schreibunkundig, unstet durchs Land zog und durch Jahrhunderte trotz aller Verfolgungen seine eigenständige Erzähltradition bewahrte.

Zigeunermärchen aus Ungarn

Nacherzählt von Tibor Bartos

Fischer Taschenbuch Verlag

Fischer Taschenbuch Verlag
August 1976
Umschlagentwurf: Jan Buchholz / Reni Hinsch
Titel der Originalausgabe: Sosemvolt Cigányország
Aus dem Ungarischen übersetzt von Bruno Heilig
mit Illustrationen von János Kass
Fischer Taschenbuch Verlag GmbH, Frankfurt am Main
Lizenzausgabe mit freundlicher Genehmigung von
Tibor Bartos, Ungarn, und dem Kinderbuchverlag, Berlin, DDR

Gesamtherstellung: Hanseatische Druckanstalt GmbH, Hamburg
Printed in Germany
380-ISBN 3 436 02309 4

Inhalt

Wir Zigeuner verstehen uns nicht aufs Märchenerzählen. Was könnten wir euch auch schon erzählen? Wir lesen keine Bücher, und in denen stehen die schönsten Märchen. Wer hat heute noch den Kopf für so etwas? Die Alten sind alle tot, der Feró, der Bubra und auch alle von der Haschifamilie, und wir arbeiten von früh bis spät, denn Flügelnägel und Krampen sind billig. Man muß tüchtig den Hammer schwingen, daß die fünfzig Kilo am Tag zusammenkommen, und die Alten erzählen sich nichts mehr während der Arbeit, sie sind stumm wie der Fisch. Ein schweres Leben, das Nagelschmiedehandwerk, glaubt es mir. Und die ganze Welt weiß doch, daß der ungarische Roma der beste Nagelschmied ist. Vor zwei Jahren sind auch Griechen zu uns gekommen, arme Roma, aber sie sind wieder davongelaufen; es war ihnen zu schwer. Stellt euch nur vor: Im Sommer bei der großen Hitze das glühende Eisen drehen und wenden und hämmern ist kein Kinderspiel. Was wir machen, bringen auch Fabriken nicht zustande. Da sind die Schienennägel – ihr habt doch schon welche gesehen, das sind die, mit denen die Schienen an den Schwellen festgemacht werden. Wenn man die in Stangen gießt und dann daraufschlägt, bricht der Kopf ab. Wir aber fassen das Eisen vorsichtig an, bringen es zum Glühen – so, schaut her –, legen es auf den Amboß, schlagen es spitz zu, dann biegen wir das andere Ende am Rande des Ambosses schön um, schlagen dreimal darauf oder viermal, dann noch einige Male ganz leicht, damit es die schöne T-Form bekommt, und im Augenblick ist es geschafft. Und der Nagel bricht nicht, er biegt sich eher und schmiegt sich an die Schiene an.

So ist das. Und wem sollen wir etwas erzählen? Die Tschawo sind in der Schule oder im Hort oder wie das heißt, und wer sonst wäre neugierig auf unsere Geschichten? Der alte Csunkó, ihr wißt ja, der Musikant, der krabbelt auch schon gegen die Siebzig, der ist immer zu mir gekommen, auch als er schon ein größerer Junge war, und hat gesagt: »Onkel Napo, erzählt mir eine Geschichte«, und hat mir immer ein Päckchen Tabak hingelegt, den für zwei Kreuzer. Und dann die Kinder aus dem Barackenviertel. Denn früher war es nicht so, daß die Kinder in die Schule gingen. Sie spielten hinter dem Achtundvierziger Hügel, und wenn wir sie brauchten, riefen wir hinüber: »Kommt her, Kinder! Pecó! Szuszka! Kákó! Wollt ihr Märchen hören? Soll ich euch erzählen, wie es war, als der blinde Polizist den Fleischerburschen erwischte? Kommt, Kinder, kommt! Wer hereinkommt, Koks zerkleinern, kann zuhören.«

Dann haben wir ihnen erzählt. Wir waren schon in den Jahren. Wir erzählten ihnen, was uns gerade einfiel und was wir selbst von unseren Großvätern gehört hatten, gaben dann noch das Unsere dazu, so daß die Geschichte gerade aus war, wenn die Kinder den Koks klein hatten. Wer noch mehr hören wollte, den stellten wir an den Blasebalg, und er hörte uns zu, bis ihm von dem Gas schwindelig wurde. Damals erzählten wir unsere Geschichten auf Zigeunerisch, und so konnten wir es auch besser, und auch die Lieder sangen wir in der Romasprache.

Ja, wem sollte ich etwas erzählen? Meinen Söhnen? Wenn die sich irgendwie einen besseren Anzug verschafft haben, schwören sie bei der Jungfrau Maria, daß sie keine Zigeuner seien. Damals, in den alten Zeiten, war alles ganz anders.

Also meinetwegen, wenn ihr mir heilig versprecht, daß ihr mich alten Mann nicht auslacht, erzähle ich euch ein oder zwei von den alten Geschichten.

Zigeunerland Nirgendwo

Kaj sja, kaj nana – oder wie soll ich es sagen – also, es war einmal ein mächtiger König im Zigeunerland Nirgendwo. Aber dieser Zigeunerkönig war nicht nur gar mächtig, er hatte auch eine Frau, die war die Schönste im ganzen Land. Aber nicht nur im ganzen Land; nicht auf dieser Welt und nicht im Paradies gab es eine so schöne Frau.
Da brachte die wunderschöne Frau Königin eine Tochter zur Welt, aber zwei Tage nach der Geburt wurde die Königin von einem bösen Fieber hinweggerafft. Auf ihrem Totenbett, kurz bevor sie starb, trug sie dem König auf, nur dann wieder zu heiraten, wenn er eine ebenso schöne Frau fand wie sie.
Als die sechs Trauerjahre um waren, machte sich der König auf und durchforschte das ganze Land und auch die Nachbarländer, aber er kam ohne Frau zurück, denn nirgends hatte er ein so schönes Mädchen gefunden, wie es seine so herrliche Frau Königin gewesen war.
Inzwischen wuchs und wuchs die Prinzessin heran, und zählte schon sechzehn Jahre. Der Vater schaute und schaute sie an und sagte bei sich: Blind soll ich werden, wenn das Mädchen nicht so schön wird, wie ihre Mutter es war! Und so kam es auch.
Die Prinzessin war, wie ich schon sagte, sechzehn Jahre alt, da holte ihr Vater die Fotografie hervor, die er machen ließ, als er seine arme, wunderschöne Braut heiratete. Und während er das Bild betrachtete, sagte er zu der Tochter: »Du, Tochter! Deine Mutter hat auf dem Totenbett, es war ihr letzter Wille, gesagt, ich darf nur eine Frau heiraten, die so schön ist wie sie. Also schau her auf dieses Bild. Nicht auf dieser und nicht auf jener Welt gibt es ein Mädchen so schön wie du. Also sollst du meine Frau werden.«
Das Mädchen weinte bitterlich, weil es aber dem Vater nicht widersprechen konnte, lief es auf den Friedhof hinaus und beschwor die Mutter mit den Worten:

Ustji upre mri dajori!
Ustji upre mri dajori!
Mütterchen, steh auf!
Mütterchen, steh auf!

Da antwortete die Mutter aus ihrem Grabe:

Nastji ustjaw mri tschajori.
Kastune hi mre pre,
Schibbadt mre duj mussa.
Ich steh' nicht auf, Tochter.
Meine Beine sind steif.
Meine Arme sind matt.

Sonst hatte die Mutter nichts gesagt, und das arme Mädchen war ratlos wie zuvor. Aber der liebe Deloro, unser Herr Christus Jesus, half ihr. Denn als die Prinzessin nach Hause kam, war ihr Vater nicht da. Er war auf die Jagd gegangen. Was tat das Mädchen? Es machte sich fertig und dann ging's hinaus, hinaus in die weite Welt!
Das Mädchen ging und ging und ruhte nicht eher, bis es das Schloß des Königs im Nachbarland erreichte. Dort verdingte sich die Königstochter als Dienstmagd. Und weil sie so schön war, teilte man sie zum Dienst beim Sohn des Königs ein. Dem gefiel sie gar sehr, und er fragte sie schön höflich, woher sie komme und wessen Tochter sie sei. Das Mädchen sagte es ihm. Das genügte dem Prinzen, und er bestimmte gleich den Tag, an dem er die schöne Tochter des Zigeunerkönigs heiraten wollte. Ja, aber großer Dewla im Himmel, was geschah da! Inzwischen war der Zigeunerkönig von der Jagd zurückgekommen und hatte vergebens nach der Tochter gerufen. Aber er wurde nicht wütend, denn er war ein gar schlauer, spitzfindiger Mann. Er schnallte sein lebendiges Schwert vom Gürtel und befahl ihm, die Prinzessin zu suchen und, wenn es sie fände, sie zu schwängern, ihr die Arme abzutrennen und diese nach Hause zu bringen.
So geschah es auch. Das Schwert machte sich auf die Suche, und als es das Mädchen gefunden hatte, trennte es ihm beide Arme am Ellenbogen ab und schaffte sie nach Hause. Der König ließ den Pfarrer holen und befahl ihm, ihn mit den beiden Armen des Mädchens zu trauen. Aber unser Herr Deloro

hatte sich das Schicksal der unglücklichen Zigeunerprinzessin zu Herzen genommen, und als der König in die Kirche kam und zum Gekreuzigten aufschaute, brach er sogleich leblos zusammen. Das war das traurige Ende des Königs vom Zigeunerland Nirgendwo.
Das Mädchen bereitete sich inzwischen für die Hochzeit mit dem Prinzen vom Nachbarland vor. Sie ließ sich ein Brautkleid machen, welches verdeckte, daß ihr beide Unterarme fehlten. Inzwischen wuchs ihr aber auch schon ein Kind im Bauche. Also saß sie beim Hochzeitsmahl so am Tisch, daß man nicht sehen konnte, was sie zuviel und was sie zuwenig hatte.
Sie aß nichts, die Unglückliche, und wie hätte sie auch essen können? Umsonst setzte man ihr die feinsten Sachen vor, nicht einmal das Paprikahuhn rührte sie an, und das aß sie doch fürs Leben gern. Schon begannen die vielen zu Gast geladenen Könige zu flüstern, wie ungeheuer schön sie sei, nur schade, daß sie nichts esse und auch nur stumm dasitze.
Als dann zum Tanz aufgespielt wurde, baten die königlichen Gäste die traurige Braut, mit ihnen zu tanzen. Denn sie gefiel allen in ihrer himmlischen Schönheit. Auch ihr junger Gatte forderte sie auf, und als sie sich weigerte, riß er sie einfach von ihrem Sessel und führte sie zum Tanz. Da kam nun alles heraus. Umsonst schwor die Prinzessin, sie sei unschuldig. Ihr Mann rief Diener herbei und ließ die Ärmste in den Schweinestall werfen. Also hört zu, wie es weiter kam. Der gütige Deloro schaute vom Himmel in den Schweinestall des Königs und ließ Sankt Peter rufen.
»Komm rasch, mein Sohn«, sagte er, »siehst du das kleine Romakind, mit dem seine Mutter in den Wehen liegt? Sei sein Pate, mein Sohn.«
Inzwischen war die Zeit der schönen Prinzessin gekommen, und sie gebar einen Sohn. Gerade war Sankt Peter in der Stalltür erschienen.
Artig grüßte er die junge Mutter, dann sagte er: »Nimm das Kind auf und gib ihm zu trinken.«
»O weh, wie soll ich das Kind aufnehmen, lieber Herr«, antwortete die Prinzessin, »wo mir doch beide Arme vom Ellenbogen an fehlen!«
»Nimm es nur auf, mein Kind, wenn ich es sage.« Die Prinzessin gehorchte. Also, groß ist Deloro, beide Arme waren ihr

vom Ellenbogen an wieder gewachsen. Sankt Peter gab dem Kind auch ein Kleid und übersäte es mit Diamanten.
So um vier Uhr kamen die Diener, um die Gebeine der Prinzessin zu sammeln, denn sie dachten, die Schweine hätten sie schon in Stücke gerissen. Da stand aber der Stall in Flammen. Er hatte von den vielen Diamanten Feuer gefangen. Und heraus kamen aus dem brennenden Stall Sankt Peter und die junge Mutter mit dem Kleinen. Ihnen konnte das Feuer nichts anhaben.
Da rannten die Diener zum Prinzen, ihm zu melden, was sie gesehen hatten. Der Prinz stürzte zum Stall und bat und bettelte, er habe es nicht gewußt, und war ganz verzweifelt. Aber die schöne Prinzessin ließ ihn reden und ging weiter. Da gab ihr Sankt Peter eine Kutsche mit sechs Pferden, darin fuhr sie mit ihrem Kind nach Hause. Nicht ein einziges Mal schaute sie zurück.
Wenn ihr auf euren Reisen ins Zigeunerland kommt, sagt den Leuten, ihr habt diese Geschichte von mir gehört, aber nur dann, wenn sie euch fragen.

*

»Hat es nie ein Zigeunerland gegeben? Oder doch?« fragte mich der kleine Kákó jedesmal, wenn ich ihm diese Geschichte erzählte, und ich habe sie ihm oft erzählt. Nicht einmal der liebe Gott kann ja bei jedem Wagen Koks ein neues Märchen erfinden. Nun also sagte ich ihm: Du Bub, sagte ich, woher soll ich das wissen? Auch ich war noch ein Knirps, als mich mein Vater hier in die Grube stellte, und seither bin ich nicht über den Schlagbaum hinausgekommen. Ob es ein Zigeunerland gegeben hat oder nicht, das wissen die Gadscho besser, denn sie sind die Gescheiten. Wir wissen nur eines, was sie nicht wissen. Wer ist das, der sich, bevor er zu arbeiten beginnt, selber seine Grube gräbt? Frage welchen Gadscho auch immer, er weiß es nicht. Ich will es dir sagen: Wir sind es, die Nagelschmiede. Denn wenn wir für das Kokszerkleinern schon zu groß sind, gibt uns der Vater die Schaufel in die Hand und sagt: »Na Junge, grab dir eine Grube.« Das machen wir gleich, und dann arbeiten wir in der Grube, bis uns der Husten holt. Wie sollen wir wissen, was gewesen ist und was nicht? Arbeite, daß du die paar Schienennägel schaffst, solange du

lebst, und dann gute Nacht. Auch das wissen die Gadscho nicht, daß die Roma für sie arbeiten, damit sie ein schmuckes Haus haben können. Denn wer macht für den Zimmermann die Klammern? Der Roma. Wer die Rabitznägel? Der Roma. Wer die Flügelnägel, die Krampe, die Ecknägel? Der Roma. Und wer weiß, daß alles das der Roma macht? Der Roma allein? Das weiß niemand; nur, daß sie lausig sind und stehlen. Darum verachtet man uns, wie es auch in dem Lied heißt:

Marel o Del, marel,
Kas kamel te maren,
Te man mardja o Del,
La bara brigassa.

Naj man love, naj man,
Tschi duj neve naj man.
Te love awlass man,
Wipatjiv awlass man.

O Gott, du kannst schlagen,
Kannst, wen du willst, plagen.
Auch mich hast du heimgesucht,
Mich mit Leid geschlagen.

Leer sind meine Taschen,
Habe nicht zwei Groschen.
Hätt' ich in der Tasche Geld,
Hätt' ich Ehre in der Welt.

Schuld ist der liebe Gott

Glaubt mir, dem alten Roma. Als Gott der Herr die Handwerke unter die Völker aufteilte, schickte er den Heiligen Petrus auch zum Zigeuner. Der wohnte draußen am Ende des Dorfes in einer Hütte. Als Sankt Peter eintrat, sah er, daß der Zigeuner auf der Erde lag, das heißt auf Stroh, und sich die Fliegen vom Bauch scheuchte.
»Was machst du denn da, Zigeuner?« fragt ihn der Heilige Petrus. »Was soll ich machen? Ihr seht doch, was ich mache«, antwortet der Zigeuner keck. »Ein Handwerk hat man mir nicht gegeben, also verscheuche ich mir die Fliegen.«
»So geht das nicht, du!« sagt der Heilige Petrus. »Geh auch du zur Heiligen Majestät Gottes, dort bekommst du eines. Wir bringen's dir nicht ins Haus.«
»Gut, aber so dringend ist es nicht«, sagt der Zigeuner in seiner Weisheit. »Setzt Euch doch, gnädiger Herr. Ich kann Euch nichts anbieten, aber die Frau ist ins Dorf betteln gegangen; wenn sie wiederkommt, bringt sie etwas mit. Solange sie nicht da ist, kann ich sowieso nicht weg.«
Und damit die Zeit vergehe, begann er dem Heiligen Petrus vorzusingen:

Wo ist Mimi, nur kein Bangen,
Ist nur Mais zu stehlen 'gangen.
Hat das kleine Messer mit,
Daß keiner hört den leisen Schnitt.

Aber da wandte sich Sankt Peter schon zum Gehen, denn er habe, sagte er, noch viel zu tun beim Verteilen der Handwerke, und Gottes Heilige Majestät warte auf ihn. Sicher gefiel ihm auch nicht, was die Mimi tat, er wollte es nur nicht sagen, denn er ist ein gar feiner Herr.
Der Zigeuner aber fuhr fort, die Fliegen zu verscheuchen, doch wie die Zeit verging, wurde er immer hungriger, denn die Frau kam und kam nicht, und es wurde immer dunkler.

Es war nach Mitternacht, und dem Zigeuner verging vor Hunger Hören und Sehen. Da tauchte die Frau endlich auf. Der Zigeuner sagte kein Wort und versohlte sie zuerst einmal, weil sie so lange im Dorf geblieben war. Und wie drosch er erst los, als er sah, daß sie mit leeren Händen gekommen war – nane so te han! So schliefen sie mit leerem Bauch. Und wie es bei richtigen Roma ist, verschliefen sie das Frühstück, verschnarchten sie das Mittagessen, und die Sonne war schon im Untergehen, als sich der Zigeuner entschloß, endlich aufzustehen. Will sehen, sagte er bei sich, vielleicht bekomme ich ein fettes Geschäft, die Heilige Majestät Gottes hat mir, seinem Verwandten, eines aufgehoben. Er weckte die Frau, sie solle ihn von den Strohhalmen säubern, damit er anständig vor der Heiligen Majestät Gottes erscheine. Der Zigeuner staunte nicht wenig, als ihn Sankt Peter zum lieben Gott führte. Denn so sprach die Heilige Majestät Gottes zu dem Zigeuner:

»Ich habe schon alle Handwerke verteilt, du armer Zigeuner. Alle sind vergeben, für dich ist nichts geblieben. Aber weil du zu mir gekommen bist, lasse ich dich doch nicht mit leeren Händen weggehen. Du bekommst das Stehlen und deine Frau das Wahrsagen. Das habt ihr ja, so höre ich, auch bisher getan.«

Damit entließ er den Zigeuner.

Daher kommt es, daß wir verachtet, verhöhnt und beschimpft werden, nur weil wir der Heiligen Majestät Gottes nicht widersprochen haben.

*

»Wie kommt es, daß wir trotzdem dieses Kokshandwerk betreiben?« pflegte der kleine Kákó zu fragen. »Dafür wißt Ihr keine Geschichte, Onkel Napo?«

Doch, die kann ich dir auch erzählen, sagte ich damals, aber das Ende der Geschichte hatte ich selber dazuerfunden. Also es war so, daß der Heilige Petrus dem Zigeuner beim Weggehen in der Tür sagte: »Paß auf, du Zigeuner! Wenn du doch ein anständiger Mensch wirst, das Faulenzen aufgibst, kein Aas mehr anrührst und nicht mehr den Mais aus dem Magen von toten Hühnern herausklaubst und auf den Hof des fleißigen Gadscho streust, dann gibt es noch etwas für dich. Ein

Handwerk ist noch übrig. Der Gadscho mochte es nicht, es ist ein sehr schweres Handwerk. Es ist das Schmieden. Wenn du dich zum Arbeiten bekehrst, kannst du es haben. Die Heilige Majestät Gottes hat dir nichts davon gesagt, weil sie dein schlechtes Blut kennt. So sag' ich dir's, damit du dir's überlegst.«

Auf dem Heimweg lachte der Zigeuner immerzu, weil Sankt Petrus ihm eine so schwere Buti geraten hatte, zu Hause aber erzählte er den Rajko und seiner Frau trotzdem, was er ausgerichtet hatte. Das ist die Geschichte.

Ob es so war oder nicht, das kann ich nicht wissen, sagte ich, und dabei blinzelte ich den anderen Alten zu, und sie blinzelten zurück. Aber ihr seht, daß manche von uns den Rat des Heiligen Petrus befolgt haben. Einmal war ein sehr gebildeter Rajkano Rákló bei mir, der erzählte mir, wie alt unser Handwerk ist, daß einmal ein blinder Dichter, irgendein Homer, vor höllisch langer Zeit geschrieben hat, was für ein guter Schmied der Roma ist. Da erzählte ich ihm auch zwei Geschichten darüber – und wenn ich nicht die Wahrheit sage, soll mich Gott nicht von hier aufstehen lassen, er schrieb alles auf in sein Heft, ganz wie ich es sagte, und blitzschnell tat er es, und am Ende sagte er, er werde es in die Zeitung geben. Also weil ich Zeit habe, erzähle ich die Geschichte auch euch.

Als unser Herr Jesus Nagelschmied war

Ja, so ist es, er war auch einmal Nagelschmied. Wann und bis wann, das weiß ich nicht genau, er war noch ein halbes Kind. Eines Tages sagte sein Vater – er war ein guter Vater, der Josef – zu dem Knaben:

»Mein lieber Sohn, ich sehe, du bist schon ein fertiger Zimmermann, du arbeitest besser als dein Vater. Aber wenn einer auf Prophet studiert, muß er mehrere Handwerke können, denn die Menschen sind Schelme und treiben für eine Zwiebel selbst mit des Teufels Großmutter Schindluder. Also paß auf, mein lieber Sohn! Ich bring' dich zu den Zigeunern, dort lernst du Nägel schmieden, denn der Zigeuner ist der Beste unter den Nagelschmieden, viel besser als der Jude und der Araber. Und Zimmermann und Nagelschmied sind Brüder im Handwerk. Also komm, mein Sohn, ich bring' dich hin.«

Gut, sie gingen. Der Zigeuner schickte unseren Herrn Jesus zuerst, Koks herbeizuschaffen, dann sagte er, er solle den Koks zerkleinern. Der Junge wurde immer geschickter, und er hielt schon die Zange ins Feuer. Auch schmiedete er kleinere Nägel und Stifte, und am Ende traute sich der Zigeuner schon, ihn die schwersten Arbeiten machen zu lassen. So sagte er auch dem Josef, wenn der nach seinem Sohn sehen kam, der Junge werde einmal der beste Nagelschmied im Lande sein.

Und da geschah es, daß die zwei schönsten Fuchshengste des Königs Herodes, der damals regierte, durchgingen und im Galopp alle ihre Eisen von den Hufen strampelten. Es waren sehr schöne Pferde, nur waren beide bissig und schlugen aus. Sie richteten die königlichen Schmiede, die sie wieder beschlagen wollten, so arg zu, daß keiner seine geraden Glieder behielt. Als König Herodes das hörte, war er gar traurig, denn ohne Hufeisen konnte er mit den zwei schönen Füchsen nichts anfangen. Da fiel ihm ein, daß draußen am Dorfende der Zigeunerschmied wohnt; der wird den Pferden mit irgend

etwas die Nasen einreiben, daß sie zahm werden, und dann kann er sie gleich beschlagen.
Mit Mühe brachten Diener die zwei Füchse ans Dorfende zum Pero, wo auch der Schmied arbeitete. Solche Pferde hatte der Zigeuner noch nie beschlagen, aber da ihm nun schon die große Ehre geschehen war, dachte er, er wolle es mal versuchen. Er hantierte dem ersten eine Weile um die Nüstern herum, schmierte etwas darauf und streichelte das Tier. Alles umsonst. Das Pferd schnappte nach ihm und schlug mit allen vieren um sich. Unser Herr Jesus stand im Hof und schaute zu, wie der Meister sich abmühte. Als er sah, daß der Zigeuner nichts ausrichtete, rief er ihm zu:
»Laßt es, Meister, ich werde es machen.«
»Was? Du? Du Knirps?« schrie der Meister zurück. Hast im Leben noch keine solchen Pferde gesehen und willst schaffen, was ich nicht fertigbringe? Na, komm nur her. Wenn das Pferd dir mit dem Schwanz eins um den lausigen Kopf haut, bist du gewesen!« Mit einem Wort, der Zigeuner war wütend. Der Deloro verzeihe ihm, was er alles in seinem Zorn gesagt hat.
Unser Herr aber sagte nichts darauf, er holte sich nur das Beil, das neben der Schuppentür lag, ging zu den Pferden und hieb den schönen Tieren der Reihe nach alle Beine ab. Der Zigeuner verlor bei diesem Anblick beinahe den Verstand und rannte Unserem Herrn nach, der im Schuppen schon dabei war, die abgehackten Hufe der Pferde zu beschlagen.
»Verflixter Bengel! Jetzt wird mich der König in Stücke hauen lassen! Aber ich spalte dir den Schädel mit dem Beil da, wenn du die acht Beine nicht gleich wieder an die Pferde anpaßt, du Prophetenzögling!« Unser Herr aber ließ ihn schimpfen und fluchen und nagelte die Eisen eins nach dem andern an. Als er fertig war, nahm er die acht Beine unter den Arm, ging auf den Hof hinaus, brachte jedes an seinen Platz, dann hauchte er mit seinem heiligen göttlichen Odem darauf, und beide Füchse sprangen zugleich auf die Füße. Der Zigeuner fiel unserem Herrn Jesus um den Hals. »Ja, so macht man's, du Lausejunge! Habe ich deinem Vater nicht gesagt, aus dir wird ein Schmied, daß die Welt staunt! Blind soll ich werden, wenn ich es nicht immer gesagt habe! Du bist schon so geschickt, wie wenn du Romablut in den Adern hättest!«
Am Abend kamen die königlichen Diener und brachten dem

Zigeuner einen Sack voll Gold.
Ja, und von da an schickte der Herodes, wenn es wieder so eine Arbeit gab, immer zum Zigeuner. Der wurde reich und reicher, denn Christus Jesus besorgte das Beschlagen der Pferde.
Einmal geschah es, daß die königlichen Diener die Pferde zu einer Zeit brachten, wo der Zigeuner Unseren Herrn weggeschickt hatte, Koks zu klauben. Der Zigeuner aber hielt sich schon für einen sehr großen Mann, nahm das Beil, hieb den Pferden die Beine ab und ging damit in den Schuppen, um sie zu beschlagen. Er tat es auch, wie es sich gehört, aber als er sie den Pferden wieder anpassen wollte, gab es ein Unglück. Der Zigeuner hatte gesehen, daß unser Herr Jesus die Pferdebeine einfach wieder dort anbrachte, wo er sie abgehauen hatte, und nur hinhauchte, worauf alles in Ordnung war. So machte auch er es und wartete, daß die teuren Füchse auf die Füße sprängen.
Er konnte lange warten. Denn die Pferde lagen tot da, und ihr edles Blut floß in den Hof. Da hauchte der Zigeuner noch einmal, aber jetzt schon stärker. Wieder nichts. Ihm wurde heiß und kalt.
Er rief die Frau, und jetzt bliesen sie zu zweit. Schließlich brachte der Zigeuner auch noch den Blasebalg heraus und gab ihn der Frau in die Hand.
»Blas ihm unter die Hoden, verdammt, sonst reiten wir beide noch heute abend auf dem Pfahl! Blas, blas stärker, wenn dir dein Leben lieb ist!«
Alles umsonst. Am Ende brach der arme Zigeuner zusammen und rief jämmerlich:
»O Dewla, Dewla, schau herab auf deinen tschoro Sohn! Ich habe gesündigt, ich bin schuldig, weil mir auch dein ganzes Gold nicht genug war! Nie mache ich wieder so eine Arbeit, nur schicke den Prophetenjungen rasch nach Hause!«
In dem Augenblick erschien unser Herr Jesus im Hof. Diesmal warf er nur einen Blick auf die Pferde, und sofort sprangen sie auf die Füße.
»Also, wie hast du das gemacht, du?« rief der Zigeuner ganz erstaunt. »Bläst gar nicht hin, wie du mir das Kunststück gezeigt hast! Was soll werden, wenn ihnen bis zu Hause die Beine wieder abfallen, weil du nicht draufgeblasen hast?«
»Darum macht Euch keine Sorge«, sagte unser Herr Jesus.

»Nicht das Anblasen gibt dem Pferd die Seele zurück, und es ist auch kein Trick dabei. Wenn es meinem Hohen Vater im Himmel gefällt, verwandelt sich sogar dieses Stück Schlacke in meiner Hand in Gold.«
»Gib nicht an, o Del te marel tri godi – wenn du auch tote Pferde wieder zum Leben bringst, Gold aus Schlacke kannst du doch nicht machen!«
Während er das sagte, begann das Stück Schlacke in der Hand unseres Herrn Christus Jesus wundervoll zu glänzen. Sofort aber warf er es zur übrigen Schlacke, und schon wurde es selber wieder zu Schlacke.
»Schwach ist dein Glaube, Zigeuner«, sagte unser Herr Jesus zum Abschied, »und du bleibst dein Leben lang bei deiner Schlacke.« Damit verließ er den Hof, und der arme Nagelschmied sah ihn nie wieder.

*

Ich weiß nicht, ob er es in die Zeitung gegeben hat oder nicht, der Rákló, aber daraus seht ihr, wie alt unser Handwerk ist. Die nächste Geschichte ist interessanter, weil darin steht, was jeder mit seinen eigenen Augen sehen kann, mit einem Wort:

Warum unser Herr Jesus mit drei Nägeln ans Kreuz geschlagen wurde

Das machte man damals sonst mit vier Nägeln. Also es war so: Als die weisen Herren schon beschlossen hatten, daß sie Unseren Herrn Christus Jesus kreuzigen würden, und auch schon das Kreuz hatten zimmern lassen, schickten sie gleich drei Soldaten aus, um die Nägel zu holen, vier Stück. Sie gaben ihnen achtzig Kreuzer, damit sie recht starke Nägel kauften, die Unseren Herrn aushalten würden.

Die drei Soldaten machten sich noch früh am Nachmittag auf, denn am nächsten Morgen brauchte man die Nägel. Sie gingen also ihres Weges, aber das Geld in der Tasche juckte sie, und weil es auch sehr warm war, kehrten sie in eine Schenke ein, und jeder trank ein Glas Wein. Und wie das immer so kommt – also Kamerad, heben wir noch einen – vertranken sie das halbe Geld. Es dämmerte schon, und an Nägel hatten sie auch nicht einmal gedacht.

Aber sie besannen sich noch rechtzeitig, denn sie waren soweit ordentliche Soldaten. Damit sie sich nicht ganz betränken, so verließen sie die Schenke, um einen Nagelschmied zu suchen.

Sie brauchten nicht weit zu gehen, da sahen sie einen Araber, und sie gingen zu ihm hinein in den Schuppen und sagten: »He, du Araber! Wir brauchen vier starke Nägel für eine Kreuzigung, mach sie uns, aber flink! Morgen kreuzigen wir den Christus Jesus, weil er König sein wollte.«

Als der Araber das hörte, ergriff er einen Eimer Wasser, damit löschte er das Feuer, und dann sagte er:

»Das tu' ich nicht, Soldaten! Ich habe von dem Christus Jesus gehört, er ist ein guter Mensch. Wenn ihr den kreuzigen wollt, helfe ich euch nicht.«

»Überlege es dir, Araber! Wir haben höflich zu dir gesprochen, also tu, was wir gesagt haben. Tust du's nicht, wird das hier für uns sprechen.«

Dabei schlugen sie an ihre Lanzen.

Der Araber aber blieb dabei, er werde es nicht tun.
»Gut«, sagten die Soldaten und durchstachen ihn mit ihren Lanzen. Dann gingen sie weiter.
Ja, aber es war nicht leicht, einen anderen Nagelschmied zu finden. Zweimal gingen sie um die Stadt herum, bis sie aus einem Hof Hämmern hörten. Dort arbeitete ein jüdischer Schmied. Die Soldaten gingen hinein und sagten:
»He, du Jude! Wir brauchen vier starke Nägel zum Kreuzigen, mach sie, wir warten darauf!« So klug waren sie jetzt schon, daß sie nichts von Christus Jesus sagten. Der Jude ging auch gleich an die Arbeit. Er schnitt drei gleich lange Stücke Eisen ab, dann nahm er den Blasebalg und blies das Feuer auf. Als er das erste Stück Eisen zwischen den Koks steckte, flammte das Feuer hoch auf, und aus der Flamme sprach der Araber:
»Tu's nicht, Jude, tu's nicht, denn sie wollen damit den größten Propheten ans Kreuz schlagen! Für Christus Jesus' Kreuz brauchen sie die Nägel!«
Als der Jude das hörte, warf er den Hammer weg. Er zitterte am ganzen Körper und sagte: »Nein, nein, und wenn ihr mich neben ihm hängt, ich tu's nicht! Letzten Sonntag habe ich ihn gesehen, als er auf einem Esel in die Stadt ritt.«
Am Ende durchstachen die Soldaten auch ihn mit ihren Lanzen.
Aber inzwischen war es spät am Abend geworden. Die Soldaten trauten sich nicht mit leeren Händen nach Hause, weil sie das halbe Geld vertrunken hatten. Was tun? Jetzt, in finsterer Nacht, würden sie niemand finden, der ihnen die Nägel schmiedete.
Wie sie nun weitergingen und bald hier, bald dort stehenblieben, sahen sie weit vor sich ein blinzelndes Licht am Rande der Straße. Sie gingen hin, um zu sehen, was das sein mochte, und da sahen sie einen Zigeuner am Straßenrand sitzen, und neben ihm glühte ein kleiner Haufen Holzkohle. Der Zigeuner hielt einen Nagel mit der Zange auf den Amboß und seine Frau schlug mit dem Hammer darauf, wie es vor langer Zeit Brauch war.
»Del o Del latschi rat«, sagte der Zigeuner und lüftete höflich den Hut, wie es den Herren Soldaten gebührte. »Guten Abend, Zigeuner. Mach uns noch drei solche Nägel wie den, den du in der Zange hast, und gib sie her. Du bekommst dafür,

wir sagen's dir gleich, vierzig Kreuzer, nicht mehr und nicht weniger.«
Vierzig Kreuzer waren damals viel Geld, und gar für einen Zigeuner! Die Soldaten brauchten es ihm nicht zweimal zu befehlen, schon spitzte er den zweiten Nagel. Doch wie er ins Feuer blies, erhob wieder der tote Araber seine Stimme, und diesmal redete auch die Seele des Juden:
»Tu's nicht, Zigeuner, tu's nicht, sie wollen damit den größten Propheten ans Kreuz schlagen! Für Christus Jesus' Kreuz brauchen sie die Nägel!«
Die Frau hörte es nicht und auch die Soldaten hörten es nicht, nur der Zigeuner hörte es. Er schaute von einem zum anderen und wußte nicht, was er machen sollte. Er war ein großer Mann, der Christus Jesus, das hatte er schon von einem alten Nagelschmied gehört, aber auch die Herren Soldaten waren große Leute, und sie hatten auch Lanzen. Und wie er die Lanzen betrachtet, sieht er, daß ihre Spitzen ganz blutig sind. Mehr brauchte er nicht zu wissen, und er rief seiner Frau zu, sie solle nur kräftig zuschlagen.
So machte er zwei Nägel – das waren jetzt drei, zusammen mit dem ersten, den der Soldat gleich in den Ranzen gesteckt hatte. Der Zigeuner machte den vierten und warf ihn neben den Amboß, weil er noch glühte.
Hei Dewla, Dewla, groß ist deine Macht! Denn du hast damals ein Wunder gezeigt dem ganzen Volk der Roma! Der Nagel wollte und wollte nicht auskühlen und blieb rotglühend auf der Erde liegen. Umsonst begoß ihn der Zigeuner mit Wasser, umsonst schüttete er Erde darauf, umsonst, umsonst!
Die Sodaten schauten eine Weile zu, wie sich der Zigeuner mit dem Nagel abmühte, dann spürten auch sie das Wunder, und Lanze hin, Lanze her, rannten sie mit den drei Nägeln davon. Auch der arme Zigeuner machte sich noch dieselbe Nacht davon. Er schlug bald hier, bald dort sein Zelt auf. Warum, fragt ihr? Irgendwo muß der Mensch doch arbeiten. Der Nagel aber kühlte nicht aus, er glühte und glühte, und der Zigeuner schüttete noch und noch Erde und goß Wasser darauf, und dann spannte er das Pferd vor den Wagen und fuhr davon. So also kamen auf Unseren Herrn Christus Jesus nur drei Nägel. Lieber Deloro, nimm deine schwere Hand von dem armen, in alle Winde verstreuten Volk!

*

Nur glaube ich nicht, daß er uns helfen könnte, wegen der großen Zwietracht zwischen uns. Geschwister und ganze Familien raufen miteinander, einer möchte den anderen umbringen, da haut der Nagelschmied den Musikanten, der Musikant den Nagelschmied, und alle zusammen können sie die rumänischen Zigeuner nicht ausstehen. Ich sage ja nicht, daß sie kein wüstes Volk sind, aber sie plündern nur den Gadscho, das ist alles, und dann der Tanz und schöne Pferde, und das Gold in der Wagendeichsel. Aber viele von uns würden anders denken, wenn sie die Geschichte hörten, die mir der puro rumänische Zigeuner erzählt hat. Ich müßte sie natürlich auf Rumänischzigeunerisch erzählen, aber wir vom Oberland verstehen ihre Sprache nicht.

Wir sind einmal Vögel gewesen

Ja, so sind wir Zigeuner geworden. Wir hatten alle Flügel, ich meine, die damals gelebt haben, und wir verdienten unser Brot nicht mit Buti und Tschore, wir flogen nur immerzu und aßen, was die anderen aßen. Im Herbst, wenn schon schudripe hi odjari – das heißt, wenn es draußen anfing kalt zu werden –, schwangen auch wir uns mit den anderen Vögeln in die Luft und flogen weit weg nach Afrika.

Hatten wir es an dem einen Ort satt, flogen wir weiter. Paßte es uns dort auch nicht mehr, suchten wir uns wieder einen neuen Platz – so lebten wir.

Na, aber auch das war nicht das Paradies, der Vogel im Käfig hat es besser. Der närrische Godscho, der sich ihn hält, hätschelt ihn – tschiriklori, werebori – und streut ihm jeden Tag sein Futter hin. Aber der freie Vogel muß es sich selber verschaffen, da hilft nichts. Aber er ist frei.

Ich will es kurz machen. Als wir schon viele, viele Tage über eine dürre Gegend geflogen waren, hungrig und durstig, da geschah es eines Abends. Es war eigentlich erst Dämmerung, denn man konnte noch sehen, daß unter uns fette Äcker lagen. Unser Führer, der Vajda, ich meine der Vogelvajda, gab mit einem Winken der Flügel das Zeichen zum Landen, und wir ließen uns nieder und begannen die feinen Weizenkörner zu picken. Wir aßen und aßen, und aßen uns ganz voll nach den vielen Tagen bokhalipe, so daß wir am selben Tage gar nicht weiterfliegen konnten. So blieben wir dort bis zum nächsten Morgen, und dann fingen wir wieder an zu essen, denn wir waren wieder hungrig. Da konnten wir uns wieder nicht aufschwingen, und es wurde Mittag und Abend, und die Nacht fand uns immer noch dort.

Dabei wurden wir dick und fett. Auch wenn wir es gewollt hätten, wären wir nicht imstande gewesen, wieder aufzufliegen. Dann gewöhnten wir uns an das gute Leben, daß wir nicht hierhin und dorthin fliegen mußten und alles fanden, wo wir waren. Bald hatten wir nicht nur das Fliegen verlernt.

Nicht einmal hüpfen konnten wir mehr, nur noch langsam und behäbig schreiten.
Es kam der Herbst, und der schöne Acker begann zu welken. Es wuchs nichts mehr, und die Körner, die auf der Erde verstreut waren, die halfen uns Ratten und Mäuse aufzuklauben. Was konnten wir tun? Wir machten uns ans Speichern, wie wir es den Feldtieren abgeguckt hatten. Wir kratzten Gruben in die Erde, verschalten sie und trugen hinein, was wir noch übrig hatten. Dann deckten wir das ganze zu. Schließlich gingen wir daran, uns aus Reisig und Stroh kleine Hütten zu bauen, wo wir überwintern konnten.
Bei der Arbeit wurden uns die Beine dick und dicker, und aus unseren Flügeln wurden Arme. Vorbei war es mit dem schönen Leben, mit dem Fliegen von einem Land ins andere.
Ja, und so sind wir rumänischen Zigeuner – so schloß der puro Roma – auch jetzt noch Vögel. Haben wir unsere Zelte im Tal aufgeschlagen, sehnen wir uns auf den Berg hinauf, und wenn wir oben auf dem Berge sind, möchten wir hinunter ins Tal. Aber jetzt müssen wir zu Fuß gehen.
Doch wir sind nicht verzagt und leben nicht knauserig, denn eines Tages werden wir uns in Vögel zurückverwandeln.

*

Nein, ich will nicht auf die Rumänienzigeuner schimpfen, denn vielleicht haben sie recht. Als Kind habe ich sie sehr bewundert, wenn ihr Vadja, der mit dem großen Schnurrbart, seinen Pferden teuren Doppelbehang, mit Nägeln beschlagenes Zaumzeug überwarf und sie dann vor den Wagen spannte. Die Peitsche in der Hand, stand er auf dem Bock, hinten im Wagen die Rajko, fünfzehn bis zwanzig, dann ging es im Galopp durch das Dorf mit den herrlichen Pferden. Wanderleben, Zigeunerleben, schön war's!

Miriklo, die Herzogin

Es war zur Zeit, als die rumänischen Zigeuner noch auf Wagen kreuz und quer durchs Land zogen. Mein Vater erzählte uns die Geschichte. Ich war nicht dabei, aber wer sie nicht glaubt, soll ihr nachgehen.

Es ist lange, sehr lange her, da wanderte eine ganze Karawane durch das schöne Siebenbürgen. Die Rajko wuchsen auf den Wagen auf, und man kümmerte sich nicht viel darum, welches wem gehörte. Das Ganze war eine einzige Familie. Wenn die Pferde müde wurden, schlug der Stamm Zelte auf, ruhte eine Zeit, die Roma trieben ihren Pferdehandel, die Romni gingen in die Dörfer tschorelen und wahrsagen. Ja, so lebten sie. Sie fragten nicht viel, wem der Boden gehörte, wo sie sich niederließen, was kümmerte sie das. Wem immer er gehörte, er gehörte auch den Roma.

So geschah es eines Abends, daß sie ihre Zelte auf einer schönen Wiese aufschlugen. Diese gehörte einem Herzog. Sie beeilten sich sehr, um bis zum Dunkelwerden fertig zu sein. Es gelang ihnen auch.

Vor dem Zelt des Vajda wurde ein großes Feuer angezündet, Töpfe wurden gebracht, Hühner, schöne fette Hühner wurden hineingetan, mit einem Wort, bald gab es Abendessen. Ganz zufällig war der Herzog gerade auf seinem Gut, und weil er gern am Abend einen Spaziergang machte, ließ er sich von dem großen Feuer zu dem Lager der Zigeuner locken.

»Schönen guten Abend, Zigeuner. Seid mir nicht böse, daß ich euch beim Abendbrot störe, aber ich möchte wissen, was auf meinem Gut geschieht. Ich bin der Herzog Soundso!«

Die Zigeuner, die um das Feuer herum hockten, schauten auf. Höflich grüßten sie den hohen Herrn. Hinter dem Rücken des Herzogs stand eine Zigeunerin mit einem mächtigen Stück Teig, das eine Ende auf der Schulter, das andere in der Hand. Sie klopfte den Teig flach, riß kleine Stücke davon ab und warf sie ins kochende Wasser. Während die Zigeuner und der hohe Herr weiter höflich miteinander redeten, wurde die

Frau fertig, und auf einer Tonschüssel zitterten die feinen, fetten Käseflecken.

Der hohe Herr bekam Appetit, aber nicht nur auf die Käseflecken. Während des Gesprächs mit den Zigeunern war ihm am Feuer eine schöne Tschajori aufgefallen. Die war von so schlanker Gestalt, wie er noch keine auf seinen fürstlichen Bällen gesehen hatte. Er konnte sich nicht satt sehen an ihr. Was sollte er tun? Das Mädchen gefiel ihm gar sehr, aber der Zigeuner waren viele, und er stand da ganz allein. Er konnte die Schöne weder mit sich locken noch rauben. Zum Glück kam ihm ein guter Gedanke. »Mein lieber Herr Vajda!« begann er, und das war richtig so, denn damals war der Vajda noch ein großer Herr. Quer über dem Wams hing ihm eine doppelte Goldkette, am Finger trug er einen Angrusti mit einem funkelnden Stein, und er war Herr über Leben und Tod der Roma. »Mein Herr Vajda«, sagte also der Herzog, »ich habe noch nie dieses Zigeunergericht gegessen. Wenn es Euch nichts ausmacht, möchte ich mithalten. Für ein Faß Wein will ich gern sorgen.«

»Kommen Sie, setzen Sie sich zu uns, es ist eine große Ehre für uns«, sagte der Vajda, »wenn Euer Herzogliche Gnaden unser einfaches Abendbrot nicht verachten. Schmeckt es Euch, dann fragt nicht erst und kommt.« Bevor der Herzog sich setzte, ging er schnell noch nach Hause, denn sein Schloß war nicht weit, und befahl dem Verwalter, ein Faß edlen alten Weines aufladen zu lassen und ins Zigeunerlager zu bringen. Dann ging er schnell zurück, denn das schöne Zigeunermädchen hatte es ihm angetan.

Die herzogliche Exzellenz hockte sich zwischen die Roma und aß mit der hölzernen Gabel vom Käsefladen. Nach dem Essen, als auch das Faß Wein schon angezapft war, rief der Herzog ganz plötzlich zu dem schönen Mädchen hinüber, als hätte er es erst jetzt erblickt: »Na, schönes Kind, sing uns doch etwas Schönes!«

»Ja, sing, Mädchen«, sagte der Vajda, »du hast eine schöne Stimme, so schön wie du bist, Miriklo, Perle des Stammes.«

Das Mädchen schlug seine zwei schönen Augen auf und begann zu singen, zuerst ein wehmütiges Lied:

Dschawt'ar mange babam
Andi Sala megya.
Kai na pindscharel man
Tschi roma, tschi gadsche.
Kai na pindscharel man
Tschi roma, tschi gadsche.

Tjinaw tuke babam
Duj newenge zukro
T'owel tro muj gullo,
Dui newenge zukro
T'owel tro muj gullo.

Weit weg zieh ich, Liebste mein,
In das Land Zala hinein.
Wo keiner mich kennt,
Nicht Bauer, nicht Zigeuner.
Wo keiner mich kennt,
Nicht Bauer, nicht Zigeuner.

Ich kauf' dir, Liebste,
Zucker für zwei Kreuzer.
Süß wird dein Kuß sein,
Zucker für zwei Kreuzer,
Süß wird dein Kuß sein.

Klagend, wie es die rumänischen Zigeuner tun, die Walachen, ließ sie das Ende lang ausklingen, dann schüttelte sie ihren gekräuselten roten Rock und begann zu tanzen. Aber nicht wie die Gadscho Csárdás tanzen in ihren Stiefeln voll Kuhmist. Sie machte nur kleine Schritte in ihren winzigen roten Pantoffeln, und am Ende jeden Verses hielt sie plötzlich inne, stampfte mit dem rechten Fuß auf, hipp-hopp, klick-tipp-topp klack. Und dazu sang sie, die Schelmin:

Nane oda lawutari
Ko mri djili te basawen,
Tjuhaja!
Baschaw lala
Latscho tschawo
Wazakero latscho tschawo
Primaschi!

Nicht gibt's den Zigeuner heut',
Der zu meinem Liede geigt.
Holladrio!
Nur einer konnte das
In der Váczer Csárda,
Dieser eine war da
Der Primas!

Jetzt sprangen auch die anderen Tschajori und Tschawo eine nach der andern auf, nahmen das Mädchen in die Mitte, lockten und umschmeichelten es, aber nur so, wie es zum Tanz gehörte. Auch den Fuchstanz bekam seine Gnaden diesen Abend zu sehen.

Nach dem vielen Tanzen gingen dann alle schlafen. Aber der Herzog fand in dieser Nacht nicht viel Schlaf. Immer mußte er an die schlanke Tschajori denken. Wie konnte er sie bekommen, hei, Herr im Himmel, wie?

Am nächsten Tag war er schon ganz früh wieder draußen bei den Zigeunern und sprach so zu ihnen:

»Paßt auf, Zigeuner! Heute nacht habe ich etwas beschlossen. Kommt, bringt euer Lager neben mein Schloß. Ihr werdet keine Sorge um Essen und Trinken haben. Der Verwalter, die Diener, der Metzger schaffen euch alles herbei, worauf ihr Lust habt. Und für die Pferde ist es im Stall besser als hier.«

So geschah es. Die Zigeuner zogen zum Schloß. Sie hatten sich um nichts auf der Welt zu sorgen, die Diener lasen ihnen jeden Wunsch von den Augen ab. Der Herzog aber dachte, so werde es gehen, einmal werde er das Mädchen doch bekommen.

Es vergingen die Tage, aber nichts geschah. Das Mädchen half der Mutter beim Kochen und paßte auf die Rajko auf, damit sie nichts Ungebührliches anstellten. Nachmittags und abends aber machten sich die Zigeunerburschen um sie zu schaffen. Alles schön und gut, überlegte der Herzog, aber wenn es so weitergeht, werden sie eines Tages das gute Leben satt haben und abziehen. Wie er das Mädchen so jeden Tag zu sehen bekam, wurde er ganz verliebt.

Eines Tages trat er vor den Vajda und sagte:

»Mein lieber Herr Vajda, ich bitte Euch, erlaubt dem Mädchen, daß es ins Schloß komme, nämlich zu mir. Ich zeige ihm meine Gemächer und alles andere.«

»Gut«, sagte der Vajda, »das Mädchen kann gehen.« Die Mutter zog es schön an, und der Herzog, der draußen vor dem Zelt wartete, hörte, wie sie beim Anziehen ihrer Tochter leise vorsang:

Lolo zoha, lolo gad
Tjingja lake lako dad.
Schej mitschi, mitschi!
P'enaw lake paramissi.

Rotes Jäckchen, rotes Röckchen,
Vater kauft's dem kleinen Mädchen.
Schau's dir an, mein liebes Kind,
Hör was ich erzähl' geschwind.

»Es war einmal ein Zigeunermädchen, das hieß Miriklo, wie du. Auch sein Vater hieß Mujalo. Einmal stieß ihnen das große Glück zu, daß ein König, oder war es ein Prinz, ich weiß nicht, welchem von ihnen die Bäume höher wachsen, also daß ein König oder ein Prinz sich in das Mädchen verliebte. Der große Herr brachte es in sein Schloß, gab ihm zu essen und zu trinken und versprach ihm Geld und alles, was es nur begehrte, wenn es ihn liebhaben wolle. Das Mädchen aber sagte: ›Wenn du ein Zigeuner wärest, würde ich dich liebhaben und dein Geld nicht brauchen.‹ Damit verließ es das Schloß und ging zu seinen Eltern zurück. Bald darauf bat ein Zigeuner das Mädchen zur Frau und sie heirateten, und vielleicht leben sie auch heute noch und sind glücklich und lieben sich. So, und jetzt noch ein Tuch um deinen Hals, und du bist fertig.«

Nicht nur das Mädchen verstand die Geschichte, auch der Herzog, der ja alles gehört hatte, lernte daraus. Auf dem ganzen Weg ins Schloß dachte er daran. Er zeigte dem Mädchen alle die schönen Zimmer, eines nach dem anderen, und die Gemälde, die es nur in solchen Schlössern gibt, und am Ende führte er sie noch in ein Zimmer, das schöner war als alle die anderen. Dort war ein Tisch mit den feinsten Sachen gedeckt. Sie setzten sich und aßen. Am Ende sagte der herzogliche Herr zu dem Mädchen:

»Schönste Miriklo, ich will dich etwas fragen. Ich habe gehört, was dir deine Mutter erzählt hat, während sie dich an-

kleidete, und jetzt frage ich dich: Willst du, daß die Geschichte ein schöneres Ende habe? Mit einem Wort, willst du, wenn ich dich darum bitte, meine Frau werden?«
Das Mädchen war ganz verwirrt und wußte nicht, was es sagen sollte. Was kann auch so ein armes kleines Mädchen, und wenn es noch so schön ist, einem fürstlichen Herrn darauf antworten? Am Ende faßte sie sich und gestand, sie hätte nichts dagegen, nur wolle sie sich nicht von ihren Leuten trennen. Und was werde ihr Vater, der Vajda, dazu sagen?
Mehr brauchte der Herzog nicht! Er stürzte die Treppe hinunter und zog das Mädchen mit sich, geradewegs zum Vajda. Und sagte auch ihm, was zu sagen war. »Ihr aber sollt euch weiter um nichts zu sorgen haben, ihr bleibt meine Gäste für alle Zeiten, Eure Familie und das ganze Volk«, so schloß der Herzog.
Der Vajda rief gleich den ganzen Stamm zusammen und sagte den Roma, daß der Herzog das Mädchen heiraten wolle, und sie, nämlich die Roma, würden bis zu ihrem Tode Gäste des großen Herrn bleiben.
Den Älteren gefiel die Sache, das Mädchen war doch die Tochter des Vajda, und wenn auch sie ihren Nutzen davon haben sollten, warum also nicht? Nur die Burschen murrten, denn einige von ihnen hatten es schon seit langem auf das Mädchen abgesehen. Schließlich aber galt das Wort der Alten, denn der Vajda hörte auf ihren Rat. Es wurde auch gleich der Tag der Hochzeit beschlossen.
Aber die Burschen hielten nicht still. Sie waren von der hitzigen, rauflustigen Sorte Zigeuner und dachten, sie würden dem Herzog schon das Mädchen aus dem Kopf schlagen.
Sie steckten die Köpfe zusammen und hielten untereinander Rat. Dann ging einer der Burschen, der am meisten angegeben hatte, zum Herzog.
»Gibt's bald Hochzeit, Herr Herzog?«
»Ja, mein Junge, bald.«
»So. Und wer ist die glückliche Braut, wenn ich fragen darf?«
»Wer? Die Tochter des Vajda, die Miriklo.«
»Was Sie nicht sagen! Halten Sie mich nicht zum besten, Herr Herzog!«
»Es ist kein Scherz, Junge. Mein voller Ernst.«
»Wirklich?«
»Wirklich.«

»Und ich habe gehört, Sie heiraten Ihre herzogliche Mutter.«
»Wer hat das gesagt?«
»Wer? Ihre liebe herzogliche Mutter selbst, als sie zu mir in den Stall kam.«
»Hüte deine Zunge, Bursche! Wärst du nicht mein Gast, würde ich dir den Schädel einschlagen.«
»Wären Sie nicht unser Gastgeber, würde ich Sie verdreschen.«
»Mich verdreschen?«
»Ja, verdreschen.«
»Na, laß sehen, was dein Rohrstock kann.«
»Das hier.«
Damit ließ er den Stock mit aller Kraft auf den herzoglichen Kopf niedersausen. Er verstand es, mit dem Prügel umzugehen, und es war schon vorgekommen, daß er allein vierzig Gadscho verdrosch. Auch jetzt hatte er zugehauen, daß der Kopf des Herzogs, wäre er aus Eisen gewesen, Funken gesprüht hätte – wenn er ihn nämlich getroffen hätte.
Aber auch der Herzog hatte es in sich. Jede Nacht schlich er verkleidet aus dem Schloß und mischte sich am Ende des Dorfes unter das Bauernvolk. Dort hatte auch er das Raufen gelernt. Kurz und gut, als der Bursche mit dem Rohrstock losschlug, riß der Herzog den Kopf zur Seite und der Hieb traf nicht ihn, sondern den Boden. Da setzte der Herzog den Fuß auf den Stock, bückte sich, faßte das Ende des Stocks und versuchte, ihn dem Zigeuner aus der Hand zu winden. Das war aber gar nicht leicht, denn der Bursche hielt sich tapfer! Als der aber sah, daß sie beide gleich stark waren, versuchte er es anders. Rasch glitt er mit der einen Hand den Stock entlang und faßte ihn wieder, gleich neben der Hand des Herzogs. Aber auch der Herzog war nicht faul und griff nach dem anderen Ende des Stocks, so daß er jetzt beide Enden in der Hand hatte, aber nicht nur er, auch der Tschawo, nur etwas weiter innen. So rangen sie noch eine gute Weile. Keiner konnte den andern unterkriegen.
Wie sie sich so abmühten, sah der Herzog, daß er gut einen halben Kopf größer war als der Bursche und auch die längeren Arme hatte. Er überlegte nicht lange. Schön langsam drückte er den Stock nach oben über seinen Kopf, mit beiden Händen zugleich, und dann, als die Arme des Burschen schon tüchtig gespannt waren, riß und drehte er an dem Stock und schüttelte

den Burschen ab. Also jetzt, da der Zigeuner den Stock verloren hatte, war in einer Sekunde das Legader Messer, das Tsch'uri, in seiner Hand. Das war kein Spaß mehr, und der Herzog versetzte dem Zigeuner plötzlich mit dem Stock einen gewaltigen Schlag auf den Kopf, daß er das Tsch'uri fallen ließ. »Na, Junge, hab Verstand und laß das Messer! Blutvergießen hat keinen Sinn. Du weißt ja, wenn du mich verletzt oder gar tötest, reißen dich meine Diener in Stücke, und du kannst die schöne Miriklo nicht haben, auch wenn ich es wollte. Aber ich bitte dich, sei Pate zu meinem Kind, und damit du nicht so lange umsonst warten mußt, such dir zum Trost zwei schöne Pferde in meinem Stall aus.«

Was hätte der arme Zigeunerbursche Klügeres tun können? Es half nichts, der Herzog hatte ihn untergekriegt. So bedankte er sich für die Ehre und zog ab. Am nächsten Tag war Hochzeit. Metzger, Schneider, Köche und die Diener arbeiteten, daß ihnen Hören und Sehen verging. Keiner wußte in der großen Eile, wo er zuerst anpacken sollte, denn sie liebten ihren Herrn Herzog sehr. Aber wenn er einen Befehl gab, zitterten sie alle. So verging der Tag in großer Aufregung.

Am nächsten Tag gegen Mittag war dann alles fertig, und auch die Roma hatten sich fein herausgeputzt, Männer und Frauen behängten sich mit all ihrem Gold. Also um Mittag, als alles, wie ich schon gesagt habe, fertig war, brach das Hochzeitsvolk auf, aber nicht, um in die Kirche zu gehen, sondern nur nach rumänischer Zigeunerart, um in den dichten Wäldern ringsherum eine schöne Lichtung auszusuchen. Der Herzog wußte nicht, was das sein sollte, ließ sie aber gewähren, wie es ihr Brauch war.

Schließlich stellten sie auf einer schönen Lichtung das Marienbild auf die Erde. Der Vajda stellte sich daneben auf und winkte die Braut und den Bräutigam zu sich.

»Schwörst du, Bräutigam, daß du dieses Mädchen liebst? Schwörst du es aus reinem Herzen bei der Heiligen Jungfrau Maria?

Und du, Braut, schwörst auch du, daß du die Befehle deines zukünftigen Mannes beherzigen wirst?

Dann schwört beide aus reinem Herzen bei der Heiligen Jungfrau Maria hier vor euch, daß ihr nicht länger Mann und Frau bleibt, als ihr euch liebt.«

Nachdem er so gesprochen hatte, legte der Vajda ihre Hände

ineinander, und dann zog das Hochzeitsvolk singend zum Schloß. Dort erwartete sie bereits das fürstliche Mahl.
Als sie genug gefeiert hatten, ich weiß nicht, wie lange es ging, denn damals dauerte so ein Hochzeitsfest noch Wochen, also als endlich doch Schluß war, fiel dem Herzog etwas sehr Kluges ein. Er ließ von weither berühmte gelehrte Männer kommen und seine Frau Lesen und Schreiben lehren, mit einem Wort, zu einer richtigen Herzogin erziehen. Aus der Umgebung kamen andere Herzöge und große Herren und waren gar verwundert, was für eine herrliche und gescheite Frau jetzt in ihrer Nachbarschaft lebte.
Alles sehr schön. Aber eines Tages rissen die Zigeuner aus. Sie waren an das gute Leben nicht gewöhnt und vertrugen es nicht, immer am selben Ort zu bleiben. So spannten sie ihre Pferde vor die Wagen und fuhren los, der Sonne entgegen.
Von da an rührte sich die Frau Herzogin nicht vom Fenster ihres Zimmers. Kummer und Trauer im Herzen, schaute sie hinaus. Sie spähte auf die Straße, wie einer, der eine gute Nachricht mit der Post erwartet. Aber es geschah nichts, und sie wurde immer trauriger; umsonst sprach ihr der Herzog mit Worten und Küssen Trost zu.
Eines Tages dann sagte sie zu ihrem herzoglichen Gemahl: »Mein lieber Gatte und Herr, ich bin seit meiner Kindheit an das Essen meiner Mutter gewöhnt, ich kann mir nicht helfen. Auch seit wir verheiratet sind, bin ich manchmal heimlich zum Essen zu ihr hinuntergegangen. Auch jetzt möchte ich so gern ein Stück Fladen essen, wie sie ihn gebacken hat, aber hier, unter dem Gesinde, ist niemand, der sich darauf versteht. Und jetzt, wo ich in dem Zustand bin, habe ich ein großes Verlangen danach.«
Na, mehr brauchte der Herzog nicht! Daß er nun endlich wußte, was das Herz seiner Herzogin bedrückte! War das alles? Her sofort aus der ganzen Umgebung mit allen geschickten Frauen! Und los, backt Fladen! Es gab ein großes Durcheinander, denn die Frauen hatten keine Ahnung. Wird der Fladen gekocht oder gebacken? Sie setzten der Frau Herzogin die sonderbarsten Sachen vor, Gekochtes, Gebackenes, Gebratenes. Aber die Herzogin sagte nur jedesmal bekümmert: »Auch das ist es nicht. Auch das ist nicht das Richtige.« Das ging so lange, bis es dem Herzog selbst zuviel war. Er jagte die Weiber aus dem Schloß, damit seiner Frau vom Anblick

der vielen Pantscherei nicht etwas zustoße. Am Ende sagte die Herzogin:
»Erlaubt mir, mein herzoglicher Gatte, daß ich mir selbst den Fladen backe, wie ich es von meiner Mutter gesehen habe. Wenn Ihr einmal davon gekostet habt, werdet Ihr Euch nie wieder etwas anderes wünschen, so gut schmeckt er. Ihr werdet sehen, nicht einmal Eure großen herrschaftlichen Freunde werden ihn verschmähen.«
Der Herzog beschloß sofort, seine Frau beim Wort zu nehmen. Insgeheim lud er wieder alle die Herren der Umgebung ein, der Herzogin aber gab er die Erlaubnis, den Fladen zu backen, wenn sie Lust hätte. Er hatte keine Ahnung, daß seine Frau auch als herzogliche Dame ein raffiniertes Zigeunermädchen geblieben war. Am nächsten Tag also schlug Miriklo die Ärmel ihres feinen, hauchdünnen Kleides hoch und machte auf dem Schloßhof ein Feuer an. Sie hockte sich hin, stand aber gleich wieder auf und sagte dem Herzog, in dem kostbaren Kleid könne sie nicht gut arbeiten, lieber möchte sie ihr altes Mädchenkleid anziehen. Gut, dachte der Herzog, um so größer wird das Staunen der Gäste sein. So wechselte die Zigeunerherzogin das Kleid und legte mehr Holz auf das Feuer, bis genug Glut beisammen war. Dann stach sie den fertigen Teig aus, knetete die Stücke schön rund und legte das erste in die Glut. Sie wartete eine Weile, dann griff sie zu und – hopp – drehte sie den Fladen um. Sobald er durchgebacken war, holte sie ihn heraus und legte den nächsten in die Glut. Während dieser buk, putzte sie vom ersten die verbrannten Stellen weg, brach ihn entzwei und reichte eine Hälfte ihrem herzoglichen Gatten.
Sie buk weiter, und inzwischen kamen die Gäste, eine ganze Anzahl Herren. Jedem reichte sie einen Fladen, und die Herren wunderten sich, wer wohl das geschickte, hübsche Zigeunermädchen sein mochte, denn keiner erkannte sie in ihrem alten Kleid.
Mit vollem Mund aßen die Herren den feinen weißen Fladen. Der Herzog lachte, als er sie sagen hörte:
»Ei, du schönes Kind! Möchte dich am liebsten zu mir nach Hause nehmen, damit du für mich kochst und bäckst, aber mein böses altes Weib würde mir die Hölle heiß machen!«
Der Herzog wartete, bis die Herren genug hatten, dann, sagte er, sollten sie sich das Mädchen besser ansehen, und schickte

seine Frau ins Schloß, ihr herzogliches Kleid anzuziehen. Alles wäre gut und schön gewesen, wenn, ja wenn... Sagte doch der Herzog zu den Herren Gästen:
»Seht sie euch nur besser an, erkennt ihr sie nicht? Das ist doch Miriklo, meine kleine Frau.«
Die Herren schauten zum Feuer, dort war aber niemand.
»Gut, gleich wird sie da sein. Sie ist ins Schloß gegangen, das Zigeunerzeug abzulegen.«
Inzwischen wurde auch ein Faß Wein angeschlagen und die Herren tranken. Der Wein trank sich gut nach dem Fladen. Als das Faß leer war, griff sich der Herzog an den Kopf.
»Wo bleibt Miriklo so lange?«
Nach einer Weile kamen die Diener melden, die Herzogin sei nirgends zu finden. Da rannte auch der Herzog, sie zu suchen. Nirgends war sie, nicht im Schloß, nicht auf dem Hof! Das ganze Gesinde stieg zu Pferd, und auch die jüngeren von den Herren und der Herzog selbst ließen satteln, und sie kamen erst gegen Morgen wieder. Sie hatten die ganze Gegend durchstreift bis hinein in den fernen Wald, hatten jedes Gebüsch durchsucht, doch alles umsonst.
Nie wurde Miriklo gefunden.
Vielleicht hat sie ihr herzogliches Söhnchen weit jenseits der Donau im Zelt ihres Vaters zur Welt gebracht? Möglich, und so ist die Geschichte ihrer Mutter doch irgendwie wahr geworden.

*

Hei, die walachischen Zigeuner, die Aalfresser, die verstehen sich auf's Erzählen, das sage ich euch! Wie sie dahin und dorthin gezogen sind und wie's da war und dort. Von dieser Zigeunerherzogin hat auch mein Vater erzählt, wie zart und goldig sie gewesen ist, und wie wird sie schon gewesen sein? So wie die anderen. Alle haben sie das Gesicht voll Narben, aber der Herzog hatte einen Narren an ihr gefressen, daß er nicht wußte, wo ihm der Kopf stand. Ich will ihnen ja nichts nachsagen, auch sie sind Gottes Geschöpfe, und es ist unser Fluch, daß wir uns immer beschimpfen. Schwer zu sagen, wer recht hat. Da ist der Nagelschmied. Was sagt er über den Musikanten? Daß er nur einen Anzug hat, und auch der glänzt wie gebohnert, und man soll sich den jungen Leffö anschaun, der hat nicht einmal ein Hemd auf dem Leib, darum stopft er sich das weiße Tuch unter die Jacke, sonst würde ihn der Gadscho nicht in seinen Laden lassen. Wenn die Tochter eines Nagelschmieds einen Musikanten heiratet, will ihre Familie nichts mehr von ihr wissen, sie schauen sie nicht mehr an, aber auch die Verwandten des Mannes wollen sie nicht haben, sie zeigen mit dem Finger auf sie: Na, du Mädchen, dein ganzes Gesicht ist voll Koksstaub. Ich habe viel über diese Sachen nachgedacht, und was ist dabei herausgekommen? Das ist alles wegen der Gadscho. Sie schreiben in der Zeitung, was die in Amerika mit den Negern machen, daß sie verachtet werden, und da kommt einmal mein Enkelkind aus der Schule nach Hause und erzählt weinend, die Mutter des Jungen, neben dem mein Enkel saß, sei zur Lehrerin gegangen, weil sie ihr Kind neben ein Zigeunerkind gesetzt hat. Mit einem Wort, die Gadscho verachten den Zigeuner. Ich bestreite nicht, der eine und der andere verdient es. Zum Beispiel diese Walachen. Welchen Nutzen hat das Volk von ihnen? Sie strolchen herum, diese Typhusverbreiter, und rauben und morden. Was haben aber die Gadscho gemacht, um sie zu bessern? Sie stecken sie ins Gefängnis, das ist alles. Wenn sie dann wieder frei sind, treiben sie es weiter wie früher. Weil sie so sind, werden auch die anderen Zigeuner verachtet, und wenn früher ein Gendarm – wir nannten sie damals Porjalo – einen Zigeuner auf der Straße sah, hielt er ihn an, aber vierzig Gadscho mochten an ihm vorbeigehen, denen tat er nichts.

Ich hatte einen guten Freund, der war sehr reich. Gott hab' ihn selig, so ein gawiko Roma, ihr kennt sie doch, die Dorfzigeuner. Also der hatte eine sehr schöne Frau. Einmal zeigte einer der Bauern, mit dem sie einen Streit hatten, den Zigeuner und seine schöne Frau bei den Gendarmen an, sie hätten ihm ein Huhn gestohlen. Mein Freund hatte ein Haus am Rand des Dorfes, auch ein Stall war dabei mit teuren Pferden, und im Zimmer hatten sie dicke Teppiche, alles auf der Welt besaßen sie, denn, wie ich schon sagte, er war ein sehr reicher Mann. Na, da klopfte es an einem Abend an die Tür.

»Wer ist das?« fragt mein Freund.

»Gendarmerie«, kommt von draußen die Antwort.

Und schon kommen sie herein, stapfen mit ihren Stiefeln über die Teppiche, schauen sich um, betrachten die schönen Möbel,

überall war größte Sauberkeit, die Gendarmen wußten nicht, wohin sie zuerst schauen sollten.
»Also Sie sind der und der?« wenden sich die Gendarmen an meinen Freund.
»Ja, Herr Offiziersstellvertreter«, antwortet mein Freund dem Anführer.
Denn er wußte, was sich gehört.
»Sie haben dem und dem ein Huhn gestohlen?«
»Nein, Herr Offiziersstellvertreter.«
Also gut. Die Gendarmen sehen sich die Frau gut an, sagen, sie werden am nächsten Tag wiederkommen und die Untersuchung aufnehmen, dann gehen sie weg.
Am nächsten Tag schauten sie sich auch den Stall an und den Hühnerhof, und sie konnten sehen, daß der Zigeuner so reich war, daß er das ganze Dorf hätte kaufen können, vom ersten bis zum letzten Haus samt allem, was drin war. Aber sie kamen doch auch am nächsten Tag und am übernächsten und immer wieder, jedesmal spät abends, und zogen den Zigeuner und seine Frau aus dem Bett, denn sie müßten die Sache weiter untersuchen. Dann eines Tages erfuhr der Zigeuner, was die Gendarmen wollten. Wieder war es spät am Abend, da kamen sie; sie waren betrunken und schlugen mit dem Gewehrkolben gegen die Tür und befahlen dem Zigeuner und seiner Frau, aufzustehen. Einer führte den Mann auf den Hühnerhof und sagte, er solle das Huhn herausgeben, und inzwischen wollte der andere drin im Zimmer die schöne Zigeunerin küssen. Die Frau sprang, wie sie war, im bloßen Hemd, aus dem Fenster und begann zu schreien: »Leute, Christen, helft, denn der Gendarm will mir was antun!« Da kamen die Nachbarn herausgelaufen und die Gendarmen verschwanden, so schnell sie konnten. Am nächsten Tag zeigte mein Freund die Gendarmen an, aber was wurde daraus?
Er wurde vorgeladen und über sein Vermögen verhört und wie er es erworben hätte. Mit ehrlicher Arbeit, antwortete mein Freund, durch ordentlichen Handel, und er habe Pferde, die der Graf zum Rennen führe. Gerade das wollten sie wissen, sagten sie, wie er zu den Pferden gekommen sei.
Da fragte mein Freund zurück, wie der König zu seinem Schloß gekommen sei, das sei ihm auch nicht vom Himmel gefallen, und doch frage man ihn nicht danach. Also, sie bearbeiteten ihn tüchtig mit dem Knüttel, dann ließen sie ihn lau-

fen und sagten, er solle froh sein, daß sie ihn nicht auf ein paar Jahre einsperrten.
Mein Freund konnte es in der Gegend nicht aushalten; er mußte sich eine andere Bleibe suchen, sonst hätten ihm die Gendarmen keine Ruhe gelassen.
Das erzähle ich nur, damit ihr seht, daß der Gadscho den Zigeuner scheel ansieht, und das ist heute so, wie es immer war. Und daher kommt es, daß auch die Zigeuner einer den anderen verachten, denn wenn einer so sehr verachtet wird, sucht er sich jemanden, den er verachten kann.
Und darum geben die meisten Nagelschmiede ihre Tochter keinem Musikanten zur Frau, wenn er auch noch so schön spielt, denn das ist nicht menschenwürdig, was die Gadscho in der Schenke mit dem Zigeuner treiben. Unlängst hat ein ganz gemeiner Gadscho einem Zigeuner auf die Stirn gespien, dann klebte er ihm einen Hunderter darauf, ein anderes Mal warf einer einen Geldschein auf die Erde, den der Zigeuner nur dann haben sollte, wenn er ihn mit dem Bogen aufhob, oder es sprang einer in die Baßgeige hinein, und der Zigeuner mußte zu allem gute Miene machen, damit die Herren ihren Spaß hatten und er sein Lowe bekam, denn zu Hause waren sechs kleine Tschawo, und die hatten Hunger. Heute macht man so etwas nicht mehr mit ihnen, aber viele Roma wünschen sich die alten Zeiten zurück, denn sie sagen, nur von großen Herren konnte man viel Lowe kassieren.
Darum sagen die Nagelschmiede, wir erniedrigen uns nicht zu Musikanten, und noch jetzt erzählt man sich unter uns die Geschichte des Musikanten, der Nagelschmied wurde.

Linori, hei, Linori!

Geller, ein Zigeuner im Oberland, war ein armer Musikant. Nicht Hund noch Katze hatte er, nur einen Freund, den Mussaj, den mit dem einen Auge und dem Esel. Wenn der einmal eine Fuhre für seinen Karren bekam, es war selten genug, half ihm sein Freund aufladen und abladen, und während sie neben dem Esel einhertrotteten, stritten sie immer darüber, wessen Beruf der schönere sei. Sagte der Geller:
»Mro pral, napsamoschi te owen? Bisch rupeskere kames buti te keren o zilo kurko? Adaj e pasch dij rodes atji.« Oder, damit ihr es versteht: »Du bist also gern Tagelöhner, Bruder? Für einen Zwanziger eine ganze Woche arbeiten? Soviel kann ich in einem halben Tag verdienen.«
»Ja, aber mir sagt keiner atschi! Ich gehe nicht mit der Geige hausieren, und an mir wischt sich niemand seine kotigen Stiefel ab.« So stritten sie freundschaftlich miteinander, der Geller und der Mussaj, der Musikant und der Fuhrmann. Nie hätten sie sich einigen können, wenn dem Geller nicht etwas zugestoßen wäre. Es war keine große Sache, aber irgendwie erfuhren es alle, und überall erzählten es die Roma einander.
Es fing damit an, daß der Geller auf einer Bauernhochzeit aufspielen sollte. Es war bitterkalter Winter, und der Zigeuner stopfte Stroh in seine durchlöcherten Schuhe, so sehr fror er. Er zog sein großes Wams und seinen lila Mantel an, darunter trug er, um sie vor Frost zu schützen, seine Geige, und so machte er sich auf den Weg. Er kam auch glücklich an, es ging schon hoch her bei der Hochzeit. – Zigeuner, spiel das Karfreitagslied, klopf es mit dem Bogen auf dem Rücken der Lawuta herunter! »Oj, laß los, du, meinen Zopf, schieß dir eine Kugel in den Kopf« – mit einem Wort, wie sich eben die närrischen Gadscho zu vergnügen pflegen.
Sie tranken und johlten, einer hieb sein Taschenmesser in die Zimbel hinein und schrie, wer ein Mann ist, soll's herausziehen. Der arme Geller mußte eine halbe Flasche Sliwowitz trinken, der war so stark, daß er einem Schwein die Borsten

von der Haut weggeätzt hätte, und den Rest gossen sie ihm in den Nacken, und dabei mußte er den Rumänischen Tanz aufführen... Das trieben sie so lange, bis der Vater der Braut dann eine Latte aus dem Gartenzaun brach und damit die ganze Verwandtschaft zum Teufel jagte.
Tschoro Geller bekam nicht einmal sein Geld und stand nun in finsterer Nacht auf der Straße wie ein streunender Hund. Ein Glück, daß der Geige nichts passiert war, ein Glück auch für die Gadscho. Denn wenn der Geige was passiert, sieht der Zigeuner rot... packt den Bauern am Kragen, schüttelt ihn durch und durch... haut ihn zu Schanden... es kocht sein Blut!...
Ihr kennt den Zigeuner, ihr wißt, wie er ist.
Weiter ging er, der tschoro Geller, durch die schwarze Nacht, er ging und ging, und die Kälte musizierte ihm in die Ohren auf der E-Saite, ganz oben unterm Steg. Er lauscht...
...Der König, aber nicht ein gewöhnlicher König, der Welt-König hat befohlen, daß alle Zigeuner, soviel ihrer seien auf der Welt, am nächsten Tag vor ihm zu erscheinen haben. Denn der Welt-König fühlt sein Ende kommen und will noch einmal sein Lieblingslied hören, der Welt-König, der Ärmste. Es versammeln sich auch alle die Roma bei ihm und warten gespannt und warten... Da sagt man ihnen, wer das Lied »Linori, hei Linori« kann, soll vortreten. Die Roma stoßen einer den anderen. Na, was gibt's? Von hinten zwängt sich einer nach vorn durch. Nonee, der Geller? Willst du uns beschämen, Lümmel? Bist ein Dorfzigeuner und spielst ein Lied, das wir, die großen Kaffeehausprimas, nicht spielen? Zurück, zurück, du! Er kommt doch durch. Stellt sich vor den Welt-König hin. Eine Ecke des schneeweißen Taschentuchs hinter den Kragen gesteckt, schaut er dem Welt-König in die Augen. Auf einmal, hopp! die Geige unters Kinn, er zuckt mit keiner Wimper, zuerst variiert er schön langsam, dann legt er los:

Hört im Dorf die Glocken läuten:
Hochzeit bei den Zigeunersleuten.
Beim Zigeuner Hochzeitstag,
Geigenklang und Zimbelschlag,
Linori, hei, Linori...

Und wie geht's weiter? Na, macht nichts, der Welt-König weiß es, ich begleite ihn nur.

»O du, mein lieber Junge! Hast eine goldene Hand! Auf jeden Finger eins von meinen Ländern, die übrigen auf den Bogen!« Er setzt mich zu seiner Rechten, und der Mussaj ist mein Galakutscher.
»Mro tschawo, napsamoschi te owen?«
Er nahm den kürzeren Weg hinter den Gärten. »Bist auf dem falschen Weg, du, Geller, auf dem falschen Weg. Würdest ihn nicht gehen, wenn du auf mich hörtest.« Es knackt unter seinen Füßen, und er versinkt in eine tiefe, tiefe Grube. Aus mit dem Musizieren am Sonntag. Es ist eine Wolfsgrube!
»O, Maria, Gebenedeite, was hast du mir angetan! Hast mich in eine tiefe, bodenlose Grube fallen lassen!« Der arme Geller versuchte nach oben zu klimmen, aber umsonst tastete er mit der Hand nach einer Wurzel oder Ranke, nichts! Als hätte der Bauer die Grube in Felsen gehauen, die Wolfsgrube.
Er überlegte, bis zum Morgen wird er es irgendwie aushalten, dann wird doch irgend jemand hier herauskommen und ihn aus der Gefangenschaft befreien. Aber was geschieht da? Der Zigeuner hört von oben ein Rascheln, dann, bums, fällt etwas neben ihm in die Grube herunter. Ein Glück, daß er nicht danach greift, sondern beim Anblick der zwei glühenden Augen zurückfährt. Denn es war ein Wolf, ein Wolf – wenn ich's sage!
Im Augenblick reißt der Geller die Geige unter dem Arm hervor und beginnt wie verrückt draufloszuspielen.
Der Wolf ist baff vor Staunen, er staunt und staunt. So ein Wunder hat er noch nicht erlebt, da plumpst er neben einem Menschen herunter, starrt ihn mit seinen roten Augen an, und der Mensch hat nichts bei sich, nicht einmal einen Knüttel, nur so ein komisches Werkzeug, und nicht, daß er damit zuschlägt, er zersägt es, er sägt Töne, wunderschöne Töne.
So hatte es sich der tschoro Geller gedacht! Er wußte, daß sein Leben nur so lange dauert, wie die Musik den Wolf verzaubert. Als wäre es der Welt-König, so musizierte er! Als ob einer der umstehenden Herren sagte: »Bist ein raffinierter Bursche, du Vagabund von einem Zigeuner! Hast frech den Bogen angesetzt und angefangen ›Linori, hei, Linori!‹ Kannst nicht das Ende des Liedes, und jetzt bist du frech in die Grube gekommen! Entweder du spielst auch den Schluß, oder ich laß dir den Kopf abschlagen!« Und der Welt-König nickte dazu!

Musizieren, musizieren! Er musizierte um sein Leben, der arme Geller.
Und der Wolf staunte und staunte und starrte ihn an.
Halt die Finger, einen am andern, um den Hals der Geige, daß sie dir nur nicht klamm werden! Um Brot und Wurst, um Brot und Wurst, wie dem Herrn ins Ohr! Spiel, spiel, hör nicht auf! Frisch, Tempo. Zeig, daß du Romablut in den Adern hast.
»Schön, schön, mein Sohn, aber es ist nicht das Ende des Liedes! Linori, hei, Linori, aber was kommt dann? Du verlierst den Kopf, ich seh' es schon, noch diese Nacht!«
Und der Wolf schaut und schaut und staunt.

Balthasar, komm, sei kein Lümmel,
Trink mit mir noch einen Kümmel.
Zweie, dreie, viere, fünfe...

Retsch! Eine Saite ist gesprungen.
Weiter auf drei Saiten! Drei Saiten sind dein Leben!
Retsch, auch die zweite Saite!
Und der Wolf schaut und schaut und staunt.
Zwei Saiten sind weg! Spiel auf zwei Saiten! Soll ich dich zum Welt-König machen? Soll ich dich in die Wolfsgrube werfen?

Ich habe mein' Schimmel verkauft,
Da gehe ich ins Wirtshaus und sauf'.

Und der Wolf schaut und schaut. Uju-juju-juju-juj! Der Bogen kreischt oben auf der E-Saite... Wie der Frost. Laß nicht locker, schau, der Welt-König schüttelt die Faust!...
Langsam, ganz langsam wird es hell. Der Bauer ist ein Frühaufsteher, er ist noch vor der Sonne wach, er jagt den Hund aus dem Haus, heulend kommt der Hund zurück. Der Bauer gibt ihm einen Tritt, geh zur Hölle! Aber der Hund winselt und heult, der Bauer fährt in den Mantel und geht hinaus. Wer feiert da noch? Der Bauer geht der Musik nach. Auf einmal stutzt er und steht da, wie angefroren. Er rafft sich auf, rennt und klopft bei dem einen, dann bei dem anderen Nachbarn an. »Komm, János! Komm, Pista! Fragt nicht viel, nehmt nur gute starke Stricke mit! Und jeder die Forke gefaßt!« Die Bauern stürzen davon; auf einmal bleiben sie stehen, einer

nimmt den Strick, knüpft das Ende zur Schlinge. Was jetzt? Sie beraten. Wer versucht's?
Der die Schlinge geknüpft hat, geht an die Grube heran, läßt den Strick hinunter; alle greifen zu, ziehen aus allen Kräften. Wer kommt da hoch? Der Wolf! Zur Hand die Forke, Hiebe klatschen, die Bestie haucht ihre schwarze Seele aus.
Die Schlinge hat ihn sofort erwischt, wie er so dastand und auf den Zigeuner gaffte, der spielte und spielte und spielte.
Als sie dann den Musikanten hochzogen, war kaum noch Leben in ihm. Ein Wagen wurde geholt, darauf legte man den armen Kerl und brachte ihn ins Dorf.
Zwei Wochen lang schwebte der gute Geller zwischen Leben und Tod. Er schwitzte und zitterte am ganzen Körper, und im Fieber redete er unentwegt vom Welt-König und von der Linori. Mussaj, sein Freund, der Eseltreiber, pflegte ihn gesund.
Als er schließlich aufstand, ging er zum Schwager seines Freundes Mussaj, einem Nagelschmied, und trat bei ihm ein, um das Handwerk zu lernen. Die Geige hat er seither nicht mehr in die Hand genommen. Wenn er auch nicht gar so närrisch gewesen ist, sie zu zerschlagen.

*

Sie sind ordentliche Menschen, die Musiker, man kann ihnen nichts nachsagen. Hände haben sie wie die Fräuleinchen, und sie geben auch mächtig acht darauf. Noch als wir Kinder waren, trugen wir den Musikanten Brennholz und Wasser ins Haus, daß ihren zarten, feinen Fingern nichts zustoße. Viele sind mit ihrer Musik durch die Welt gezogen, und wir saßen zu Hause und blieben arme Schlucker. Aber es gab auch solche, die frühzeitig heirateten oder arme, hilflose Eltern hatten, die blieben zu Hause und musizierten in Schenken und spielten den Bauern und Herren zu Neujahr und Ostern auf; aus denen wurde nie etwas Ordentliches. Wie der Geller, und davon gibt es eine Menge. Sie hätten es besser verdient. Ihr ganzes Geld geben sie nur für Fressen und Saufen aus, sie spielen den großen Herrn, und der Frau zu Hause geben sie nichts. Und wenn einer gar Primas wird! Der meint, es gibt überhaupt keinen größeren Herrn als ihn auf der ganzen Welt, er verpraßt alles, was er verdient, und die Kinder gehen in

Schenken musizieren, und von ihrem Verdienst füttert die Frau den großen Primas. Die Kinder bekommen nie genug Schlaf und dösen in der Schule und bleiben bald ganz weg, weil sie sich an die Schenke gewöhnt haben. Und wenn so ein Junge dann heiratet, macht seiner Frau ein Kind nach dem andern, und er wird genau wie sein Vater. So geht es bei den Musikanten zu. Kein Wunder, daß die Töchter der Nagelschmiede lieber einen Nagelschmied heiraten.
Ich habe darüber mein ganzes Leben lang viel nachgedacht. Es ist so, wie ich sage. Steckt der Zigeuner einmal die Nase in die Schenke, will er es dem betrunkenen Gadscho gleichtun. Leicht verdientes Geld ist noch leichter ausgegeben. Da steht der Zigeuner mit seiner Geige, schaut dem Gadscho eine Weile starr ins Gesicht, dann geht er zu ihm hin, – »Welches ist Ihr Lieblingslied, lieber gnädiger Herr, in dieser Geige ist alles drin« – und dann spielt er, was der Gadscho ihm sagt; nachher wird getrunken. »Ihr Wohl, gnädiger Herr«, und schon hat der Zigeuner seinen Hunderter in der Tasche. Oft macht man sich seinen Spaß mit dem Zigeuner, aber den steckt der Zigeuner auch ein, mit ihm kann man sich alles erlauben, weil er ja ein Zigeuner ist. Dann schimpft er auf den Gadscho, und er möchte doch so sein wie der Gadscho, pudert sich das Gesicht und ist todunglücklich, wenn ihm seine Frau einen dunkelhäutigen Sohn schenkt. Jaj, kalo sal, o kalo sal, mro tschawo! Wehe, wie schwarz bist du, wie schwarz, mein lieber Sohn!
Schön, daß sie noch so viel in ihrer Sprache sagen können und sie nicht ganz vergessen haben. Lowe und nane, baschawas und rodas, das ist alles, was sie noch wissen, und auch nur darum, daß der Gadscho sie nicht verstehe, wenn sie in der Schenke miteinander reden. Und die alten Lieder, die schönen Zigeunerweisen! Auch die Alten, die sie noch kennen, spielen sie nicht mehr, immerzu quietschen nur ihre Geigen die blöden Gadscho-Schlager: »Komm, wenn ich dich rufe«, und ähnliche Narrheiten. Solches Zeug spielen sie, da legen sie ihr gutes Romablut hinein, das für Besseres da ist.
Alles, weil sie, die Narren, so sein möchten wie die Gadscho. Aber der Gadscho bleibt Gadscho, und der Roma bleibt Roma. Man sieht es ihm doch auf tausend Schritt an, daß er einer ist. Er lernt nicht soviel wie der Gadscho, kein Roma wird Doktor oder sonst ein Herr, und wenn er Glück hat, be-

sucht er ein, zwei Jahre die Akademie. Inzwischen vergißt er das Seine, er wirft es von sich und lernt nichts Rechtes dafür. Wie es dem alten Marci ergeht, der bei Hochzeiten aufspielt, nur für das bißchen Wein, und jedesmal, wenn man dies und jenes Lied bei ihm bestellt, immer nur sagt er, der Ärmste: »Das Neue können wir leider nicht, und das Alte haben wir vergessen.« So ist es, nicht Gadscho und nicht Roma, nicht Fleisch, nicht Fisch sind sie, die Musikanten.
Ein Glück, daß immer welche vom Oberland, aus Újvár, aus Perbete, aus Farkasd und von überallher, kommen, und wo sie sich niederlassen, dort hört man nur unsere alte Sprache. Die anderen gewöhnen sich's auch an, sie kommen und lassen sich die alten Geschichten erzählen, und die Neuen spielen ihnen die schönen heimischen Weisen, die sie als Kinder gehört haben. Dort oben im Oberland, aber auch weiter hier, in Csobánka und Valkó, hören die meisten Zigeuner Ungarisch nur in der Schule, und auch beim Krämer reden sie Romaisch, der ist ein Gadscho, versteht aber unsere Sprache. Ja, da könnt ihr noch Geschichten hören, wenn an den langen Winterabenden mitten im Zimmer in der Pfanne der Koks glüht und ringsherum die Menschen sitzen und sich über der Glut die Hände wärmen, und es wird erzählt und erzählt, auch wenn die Tschawo schon eingeschlafen sind, und weil auch ihr doch gekommen seid, daß ich euch etwas erzähle, hört die Geschichte von…

Márko Krawelitjo

Laßt mich einen Augenblick nachdenken... Also es lebte oben auf einem Berg bei Pilis, wo es auch Serben gibt, eine arme alte Frau. Sie war Witwe und ernährte sich von ihrer Arbeit. Die reichen Leute ließen bei ihr waschen und Handarbeiten anfertigen, der eine dies, der andere jenes. Diese arme Witwe also hatte einen Sohn, der hörte auf den Namen Márko Krawelitjo. Ein guter serbischer Name.

Als der Junge groß war, gab ihn die Mutter zum Schulzen in Dienst. Der schickte ihn auf die Weide, Schweine hüten. Gut, soweit war alles in Ordnung. Und lange geschah auch nichts. Márko lebte, wie arme Jungen eben leben. Und es wäre alles gut gegangen, aber da kam auch der Sohn des Schulzen auf die Wiese. Er hatte nur drei Pfeile, und mit denen schoß er immer auf den Márko. Der mußte ihm die Pfeile zurückbringen, und wenn er einmal vor dem Pfeil auswich, bekam er von dem andern zwei Ohrfeigen. Márko konnte sich gegen den starken Burschen nicht wehren, und er hätte auch nicht gewagt, zurückzuschlagen, denn die Mutter bekam von der Frau des Schulzen viel Arbeit. Mit einem Wort, der gute, arme Márko ließ sich die Pfeile und die Ohrfeigen gefallen.

Als aber der Sohn des Schulzen sah, daß der andere alles duldete, schlug er immer härter zu, so hart er nur konnte. So wurde dem kleinen Márko das Leben immer schwerer.

Was geschah aber eines Tages? Nie werdet ihr es herausfinden, wenn ich es euch nicht sage, korojowaw! Es war schon spät am Vormittag, und der Sohn des Schulzen war noch nicht da. Hatte verschlafen oder etwas anderes zu tun, ich weiß es nicht. Froh, daß er allein war, schlenderte Márko über die Wiese. Was sah er auf einmal? Bar'baro Del, ich wage es nicht auszusprechen, nicht auf die Zunge zu nehmen! Es war die Heilige Jungfrau Maria, gebenedeit sei sie, die dort in der glühenden Sonnenhitze saß! Sie tat dem kleinen Márko leid, daß sie so schutzlos der Sonne ausgesetzt war. Da nahm er das Messer, schnitt von einem Baum schöne dichtbelaubte

Zweige ab und baute ein grünes Zelt über sie, damit die Sonne die liebliche Jungfrau nicht versenge.
Als Márko fertig war, wollte er zu seinen Schweinen zurückgehen, aber die Heilige Maria rief ihm nach:
»Márko, komm zurück!«
Der Junge gehorchte. Die Heilige Jungfrau fragte ihn, was er sich zum Lohn für seine gute Tat wünsche.
»Márko, mein Sohn, Márko Krawelitjo, was wünschst du dir am meisten?«
»Teure jungfräuliche Mutter«, antwortete Márko, »ich möchte stark sein, stärker als alle Menschen.«
Da gab die Heilige Maria Márko ein Taschentuch und sagte, er solle sich damit über die Stirn wischen. Jedesmal, wenn er das tue, werde er stärker und stärker sein. Auch ein kleines Messer schenkte sie ihm.
»Wozu du deine große Kraft gebrauchen wirst, ist deine Sache«, sagte sie. »Aber merke dir eines: Es gibt etwas, wofür mein himmlischer Schwiegervater nicht genug Kraft besitzt. Dafür kann ich auch dir nicht Kraft geben.«
Márko verstand nicht, was die Jungfrau Maria meinte. Schade, es waren sehr weise Worte. Wie sollte er sie auch verstehen? Ich war noch ein Kind, als ich diese Geschichte hörte, und auch ich verstand nicht, was sie bedeutete. Dann wurde ich groß und heiratete. Zwei Frauen starben am Kindbettfieber, aber die dritte gebar mir siebzehn Kinder. Wir lebten, wie arme Zigeuner leben: Taufe, Beerdigung, Taufe, Hochzeit, wie das schon ist. Einer meiner Urenkel hat gerade aus Schweden geschrieben, ein anderer lebt hier auf dem Hof, ein dritter – aber ich kann sie schon nicht mehr zählen, so groß ist die Verwandtschaft. Die Geschichte von Márko Krawelitjo hatte ich schon vergessen, und jetzt ist sie mir auf einmal wieder eingefallen. So ist es, wenn man alt wird, langsam erinnert man sich wieder an die vergessenen Geschichten. Hört weiter zu.
Márko verstand also nicht, was die Heilige Jungfrau sagen wollte. Er steckte das Messer und das Taschentuch ein, bedankte sich schön dafür und ging zu den Schweinen zurück. Dort wartete schon der Sohn des Schulzen auf ihn.
»Wo treibst du dich herum, du häßlicher schwarzer Halunke?« schrie er ihn an. Und der Márko war gar nicht richtig schwarz, er hatte eine schöne braune Hautfarbe wie wir.

Aber der Sohn des Schulzen sagte noch mehr, etwas Häßliches auf Márkos Mutter wird es gewesen sein, denn Márko zog das Taschentuch aus der Tasche und wischte sich damit über die Stirn.
»Auch ein Taschentuch hast du, du schwarzer Bankert?« spottete der andere. »Gib's her, oder ich spalte dir den rußigen Schädel!«
Márko gab das Taschentuch nicht her, sondern wischte sich damit noch einmal über die Stirn.
»Gibst es nicht her, du Dorfschönheit? Soll ich auf die Knie fallen und dich darum bitten? Gnädiger Herr, ich bitte Sie ergebenst, geben Sie mir das schöne gestickte Tüchlein, so, ja? Da, du widerliches Stinktier!«
Damit versetzte er dem armen Márko eine mächtige Ohrfeige. Dem armen Márko, sagte ich? Hei, der war nicht mehr der alte arme Márko! Hätte es der Sohn des Schulzen gewußt, er hätte sich gehütet, ihn zu schlagen. Denn Márko schlug zurück, und mit solcher Kraft, daß der Sohn des Schulzen für immer genug hatte. Er streckte sich lang aus, um erst bei Ruf der Posaunen des Jüngsten Gerichts wieder aufzustehen. Dann ging Márko nach Hause zu seiner Mutter.
»Was ist, mein lieber Sohn? Warum kommst du so früh? Bist du krank? Ich mach' dir das Bett, mein schwarzes Sternchen!«
»Mir fehlt nichts, Mutter. Ich habe nur den Sohn des Schulzen erschlagen.«
Als sie das hörte, brach die Mutter in Tränen aus. »Oh, mein lieber Sohn, mein einziges Kind, was wird jetzt mit uns!«
Márko beruhigte sie: »Fürchte dich nicht, Mutter. Du siehst, ich habe auch keine Angst. Ich habe jetzt solche Kraft, daß ich es auch mit dem ganzen Dorf aufnehme. Schau dir dieses Taschentuch an. Wenn ich mir damit über die Stirn fahre, werde ich jedesmal noch stärker.«
Da beruhigte sich die Mutter und sagte:
»Das ist gut, mein einziger Sohn, mein Augenlicht. Wenn du so stark bist, hast du nichts zu befürchten. Ich habe nur einen Wunsch, dann kannst du mit deiner großen Kraft machen, was du willst: Ich bin in großer Bedrängnis. Bisher habe ich davon geschwiegen, aber jetzt will ich es dir sagen. Da ist ein Riese, Harambussa heißt er, der kommt immer wieder her und bedrängt mich in meiner Witwenehre. Schaff ihn mir vom Hals, mein Sohn, wenn du kannst.«

Mehr brauchte Márko nicht. Er war auch sonst ein heißblütiger Bursche, und jetzt noch dazu stark wie keiner. Er sagte kein Wort und machte sich auf, den Harambussa zu suchen. Was, seine Mutter! Dem wird er's geben, dem Harambussa. Er, der Márko! So sind starke Menschen, und gar die Roma, denn das war er. Aber habt Geduld, ich erzähle euch alles der Reihe nach, wie es gewesen ist.

Wie er so die Landstraße entlangspazierte, der starke Márko, spähte er scharf nach allen Seiten. Er war schon gut einen halben Tag gegangen, da sah er einen großen, ungeschlachten Menschen auf einem Pferd daherkommen, ihm entgegen. Als der nun den Márko Krawelitjo erblickte, schrie er ihn an:

»He, du Bastard, runter von der Straße!«

Márko aber schrie zurück:

»Du bist der Harambussa, was? Na, dann runter von dem Sattel, daß ich dir die Knochen zerbreche, du Riese! Gerade dich suche ich, damit wir unsere Kräfte messen!«

»Mit mir willst du dich messen, du Rotznase? Ich rühr' dich bloß an, und du hörst alle Engel singen. Runter von der Straße, sag' ich, du Bastard!«

»Ich sehe, Harambussa, du hast nur ein Riesenmaul. Traust dich nicht vom Pferd, hast Angst, daß ich dir das Kreuz zerbreche!«

Wie er das sagt, zieht er das Taschentuch hervor und wischt sich damit über die Stirn, der Márko.

Da springt der Harambussa vom Pferd und will den Márko von der Straße ziehen.

»Los, komm, Bürschlein, den schönen Rasen dort soll dein Blut rot färben!«

»Ich geh' nicht, der Staub der Straße soll dein Blut trinken!«

Da gingen sie aufeinander los und begannen zu ringen. Sie rangen, bis es Abend wurde, der Harambussa und der Junge, aber keiner konnte den andern unterkriegen. Da bat der Márko um eine Ruhepause und flehte zur Jungfrau Maria:

»Oh, teure jungfräuliche Mutter! Hilf mir, ich werde mit dem Riesen nicht fertig!«

»Das kannst du nicht, mein Sohn, solange er die Schlange an der Hüfte trägt. Nimm das tsch'uri, das ich dir gegeben habe, in die Hand, und dann schau, wie du weiterkommst. Daß einmal einem Menschen gelingt, was er möchte!«

Wie sollte das der Márko verstehen? Soviel aber begriff er, daß er sich mit dem Messer helfen müsse. Heraus damit und los auf den Riesen!
Eins, zwei, und schon schnitt er die kleine Schlange aus dem Gürtel des Riesen heraus, und gleich streckte sich der Riese der ganzen Länge nach hin. Die Schlange aber zischte Márko ins Ohr:
»Was hast du getan, du Narr, was hast du getan? Hast deinen eigenen Vater getötet! Bist ein Bastard, recht hatte der Riese. Er hat mit deiner Mutter gelebt, und so bist du zur Welt gekommen. Jetzt hat er sie verlassen, und da hat sie dich auf ihn gehetzt. Bist ein Narr, Junge, ein Narr! Schau, wie schwarz sein Haar ist und wie braun seine Haut. Siehst du nicht, daß du sein Sohn bist? Soll ein Zigeunerjunge nicht mehr an seinem Vater hängen als an seiner Mutter? Hättest deine Mutter totschlagen sollen, als sie dich gegen ihn hetzte. Wenn es aber schon geschehen ist, mache aus einem schönen Eichenstamm einen Sarg, lege deinen Vater hinein und mich daneben, halte Totenwache nach Zigeunerbrauch, und bei Sonnenaufgang begrabe uns hier neben der Straße.«
So geschah es auch. Márko machte alles, wie es sich gebührt. Er fällte eine Eiche, höhlte den Stamm aus und legte den Riesen hinein. Er wachte die ganze Nacht, wie es bei Zigeunern zu sein hat, und als es Morgen wurde, grub er den Sarg am Rande der Straße ein.
Als er fertig war, machte er sich auf, um nach Hause zurückzukehren. Warte, warte, du böse Mutter, mein Vater liegt tot in der Erde. Was fang' ich jetzt mit dir an? Still, wie immer, trat er ins Haus.
»Was ist mit dir, mein lieber Sohn? Warum bist du so blaß?«
»Nichts ist, mir fehlt nichts, ich möchte von dir nur wissen, wer mein Vater war?«
»Ein armer Mensch war er, in den Krieg mußte er als Husar, eine Kugel traf ihn ins Herz, und ich blieb, jung und schon Witwe, allein mit dir.«
»So, er war Husar?«
»Ja, Husar.«
»Und wurde erschossen?«
»Ja, erschossen.«
»Daß die Pest seine feine Witwe geholt hätte! Hast du ein Herz? Hast den Sohn ausgeschickt, daß er seinen Vater töte!

Das hat meine Mutter mit mir gemacht! Da, du Hexe, das hast du dafür!«
Damit gab er der Mutter einen Schlag auf den Kopf, daß sie sofort das Leben aushauchte. Diesmal hielt Márko nicht Totenwache, er ließ die Mutter liegen in ihrem Blut, die Hunde sollen sie fressen. Er zog in die Welt hinaus.
Aber so geht es nicht, Márko, du Márko Krawelitjo. Stark sein ist nicht alles.
Denn wie stark der Márko auch war, dies geschah mit ihm: In fernem Land lebte ein Bruder seiner toten Mutter, der war ein gar mächtiger Herr. Fürst Rotbart nannten ihn die Menschen. Dieser Fürst Rotbart hörte eines Tages, daß jemand seine Schwester ermordet habe. Er rief seine Soldaten zusammen und befahl ihnen streng, ihm den Mörder seiner lieben Schwester herbeizuschaffen, lebend oder tot. Sofort brach das ganze Reiterheer auf, und bald darauf trafen sie Márko auf der Landstraße. Der schlug wie toll auf die Männer ein, aber mit allen konnte er doch nicht fertig werden. Sie fesselten ihn und banden ihn an ein Pferd und brachten ihn zu ihrem rotbärtigen Herrn. Der war ein gar weiser Mann; seine Weisheit war so groß wie Márkos Kraft. Er fragte den Jungen aus und wollte alles genau wissen, wie es angefangen hatte und wie es geschehen war. Dann sagte er:
»Na, schön, mein Neffe, denn wenn du auch Vater und Mutter getötet hast, so bist du ja doch mein Schwestersohn, und ich will meine Hände nicht mit deinem Blut beflecken. Ich laß dir nicht den Kopf abschlagen und dich auch nicht aufspießen, ja, nicht einmal rädern, sondern in einen finsteren Keller einmauern. Dort wird dir deine Kraft vergehen, mit der du Vater und Mutter getötet hast.«
Sofort ergriffen die Soldaten den jungen Márko und mauerten ihn ein. Da war kein Fenster und nicht der kleinste Spalt in der Mauer. Kein Entfliehen möglich! Márko wäre verloren gewesen, aber die liebe Jungfrau Maria wandte nicht ihr Gesicht von ihm. Der Hofnarr des Rotbärtigen schlug mit einem Eisenwerkzeug ein Loch in die Mauer und steckte Márko, an dem er großen Gefallen gefunden hatte, jeden Tag etwas zum Essen hindurch.
Jetzt hatte Márko Zeit zum Nachdenken, und er grübelte den ganzen Tag.
Das Loch, das der Hofnarr da gemacht hat, so überlegte er,

könnte ich leicht größer machen, um hinauszukommen, und auch sonst könnte ich die Mauer eindrücken. Dann würde ich dem Rotbart den Schädel einschlagen. Aber wozu wäre das gut? Ich wäre draußen und frei. Aber dann? Hier büße ich für das, was ich getan habe, aber dann würde jeder mit dem Finger auf mich zeigen: Seht, dort geht der Márko Krawelitjo, er hat Vater und Mutter getötet, kommt, laufen wir, sonst tötet er auch uns... Lieber diene ich meine Zeit hier ab. Einmal läßt man mich doch hinaus, man wird mich hier nicht vergessen.
Man hatte ihn auch nicht vergessen. Bald fünfzig Jahre vergingen, da fühlte der Rotbart seinen Tod nahen und ließ seine Soldaten kommen.
»Öffnet die Mauer des Kellers, der Márko Krawelitjo ist schon lange tot. In der Stunde des Todes wird er seine große Sünde bereut haben. Holt ihn heraus, er soll in Frieden unter der Erde ruhen!«
Als die Soldaten die Mauer durchbrachen, da trat der Márko heraus. Sie erkannten ihn nicht, keiner wußte, wer das war, auch der Rotbart nicht. Der Mann hatte schneeweißes Haar und einen langen weißen Bart, er mochte siebzig Jahre alt sein, vielleicht auch achtzig. Der Rotbart staunte ihn eine Weile an, dann sprach er: »He, bist du es, Márko, bist doch am Leben geblieben? Groß ist Maria, die auf dich achtgegeben hat. Geh, mein Neffe, der Wind wird die Spuren deiner Füße mit Staub zudecken.«
Rund ist die Erde, wohin jetzt? Wer braucht einen alten Mann? Soll er sich mit siebzig als Knecht verdingen? Allein in der Welt herumlungern?
Was blieb ihm übrig, er ging auf dem kürzesten Weg nach Hause.
Und dort? Laßt euch erzählen, wie ich auf meine alten Tage lebe. Im Sommer ziehe ich nachmittags meine Sonntagssachen an und stelle mich vor die Tür. Früher war es so, daß alle, die vorbeikamen, grüßten – Wie geht's, was macht Ihr, werdet ja immer jünger. Na, alter Knabe, komm doch einen heben! – Keiner ging stumm vorüber. Und jetzt? Menschen kommen und gehen wie damals, aber sie sind irgendwie anders. Keiner grüßt mehr, keiner ruft mich in die Schenke. Ich stehe eine Zeit draußen, dann gehe ich ins Haus, hänge meine Sonntagssachen schön ordentlich in den Schrank, ziehe die Stiefel aus, spanne sie über den Leisten und stelle sie unter den Anzug,

damit die Frau meines Enkels nichts zu murren hat, dann lege ich mich schlafen. Sagt, was soll ich sonst machen? Warum nimmt Gott mich nicht zu sich?
Vielleicht ist es auch dem Márko nicht anders ergangen? Also, als er ins Dorf kam, bestaunten die Leute nur seinen langen weißen Bart und wunderten sich, was der Mensch denn im Dorf wolle. Da redete Márko, während er zum Haus seiner Mutter ging, den einen und den anderen an:
»Ei, erkennt ihr mich nicht? Ich bin der Márko, der Knecht des Mujalo, der Márko Krawelitjo. Erinnert ihr euch nicht?«
Jetzt wußten sie es also. Das ganze Dorf drängte sich um ihn, daß er nicht weitergehen konnte.
»Was wollt Ihr hier? Laßt uns in Frieden! Mit Eurer Geschichte jagen wir die Kinder in die Betten. Schnell unter die Decke, Kind, der Krawelitjo kommt und nimmt dich mit! Was wollt Ihr hier? Habt Ihr noch nicht genug gemordet?«
»Ich könnte ihnen allen die Schädel einschlagen«, dachte sich der Krawelitjo, »aber was hätte ich davon? Was soll ich dann anfangen? Ich gehe weiter, hier habe ich nichts zu suchen.«
Damit ging er aus dem Dorf hinaus. Er schnitt sich einen Zweig von einem Baum ab, machte sich ihn im Weitergehen zum Stock zurecht und sang dazu ein Lied. Es war ein kurzes, aber trauriges Lied, wie es die Walachenzigeuner singen:

Haj, Dewla, erdjawo swito restjom.
Anda da swito bare tschore som.
Adi djili andi briga me kerdjom,
Adi djili andi briga la pobiskerdjom.

Hei Dewla, Dewla, wie ist doch diese Welt
Gar so schlecht bestellt.
Traurig ist mein Lied, bitter ist der Ausgang.
Bei dem vielen Leid vergaß ich längst den Anfang.

Er warf den Stock weg und hörte auf zu singen. Was half es ihm schon?
Schließlich flehte er zum Himmel empor:
»Teure jungfräuliche Maria, erhöre mich! Ich bin ein nutzloser Greis geworden, siebzig Jahre alt, vielleicht achtzig. Als Kind habe ich meine Kraft nicht zum Guten gebraucht, und als alter Mann kann ich nichts damit anfangen. Auch ich

möchte mit den anderen am Feuer sitzen, still mein Süppchen essen, Glut herausfischen und in meine Pfeife drücken, mit Enkelkindern spielen und von alten Zeiten erzählen. Ich flehe dich an, nimm mir meine Kraft und wende dafür meine Sünden zum Guten. So könnte ich meine Jahre in Ruhe und Frieden beschließen.«

Die Jungfrau Maria antwortete ihm aus dem Himmel: »Du verlangst Großes von mir, Márko Krawelitjo. Gut, ich habe dir die große Kraft verliehen, ich nehme sie zurück. Du hast Unglück über dich selbst gebracht. Ich will dir helfen, wie ich kann, damit alles zu einem guten Ende komme. Denke daran, was ich dir einmal gesagt habe: Für etwas reicht auch Seine Macht nicht aus. Jetzt gehe heim in dein Dorf.«

Der arme Krawelitjo freute sich sehr, daß jetzt alles wieder gut sein würde. Er gehorchte der Heiligen Mutter und ging, so schnell er konnte, nach Hause.

Als er in das Dorf kam, erwiesen ihm die Menschen große Hochachtung. Das erstaunte ihn sehr. Und sie hatten ihm nur gegeben, was dem Alter gebührt.

Als er in das Haus trat, fand er die Mutter wie gewöhnlich in der Küche. Zuerst erkannte sie ihn nicht.

»Du sollst mein Sohn Márko sein?« fragte sie schließlich, »du mein schwarzes Sternchen? So alt? Komm, leg den Kopf in meinen Schoß, sei wieder mein kleiner Junge! Komm, mein Kind, warum kommst du nicht?«

»Aber Mutter, ich bin doch ein alter Mann! Vielleicht möchtest du mich gar am Kopf kraulen und mich am Bart zupfen? Dem bin ich schon entwachsen. Aber darum wollen wir nicht streiten. Wo ist mein Vater?«

»Dein Vater, mein Sohn? Ich habe es dir schon gesagt. Er ist sehr lange tot. Im Krieg hat ihm eine Kugel das Herz durchbohrt.«

»Gut, daß du es wieder sagst. Er war also ein Husar. Mit roten Hosen. Rot wird dein altes Gesicht von der Farbe aus der Apotheke. Erwartest du für heute abend den Harambussa? Ist er noch immer nicht von seiner Narrheit geheilt?«

Ohne einen Laut von sich zu geben, fiel die Mutter bewußtlos vom Stuhl. Gerade im rechten Augenblick, denn eben stapfte der Harambussa herein. »Na, du bärtiges altes Wrack, was hast du mit meiner Rani gemacht? Hast sie vergiftet? Sag's sofort, sonst zünde ich dir deinen Bart an!«

»Und Ihr seid noch immer das gleiche wüste Rauhbein wie früher? Das hier, Eure Rani, ist meine Mutter. Und Ihr seid mein guter Vater? Habt Euch viel um mich gekümmert? Seid Ihr aus dem Eichensarg gekrochen?«
Gut, daß Márko sich rasch davonmachte, sonst würde diese Geschichte schlimm enden. Er ging, und seither wandert er ruhelos im Land umher. Mein Großvater hat ihn noch im westlichen Donauland gesehen.

*

Nagelschmiede haben die Geschichte erzählt, als ich noch klein war, und sie war mir, wie ich euch gesagt habe, seither nie eingefallen. Aber wie ich sie jetzt für euch wieder zusammengereimt habe, sind mir, nehmt es nicht übel, die Tränen gekommen. So sind alte Leute. Sie weinen leicht.
Also, was sagt ihr zu der Geschichte? Habt ihr euch nicht auch schon gewünscht, das Leben von vorn wieder anfangen zu können? Wie der Krawelitjo habe auch ich mir schon hundertmal gewünscht, daß das und jenes, was ich schlecht gemacht habe, nicht geschehen wäre. Wie ist es jetzt mit dem Márko Krawelitjo? Es war ihm gelungen, was er wollte, und am Ende wollte er doch alles ungeschehen machen. Was wir nicht gewollt haben und doch geschehen ist, damit finden wir uns leichter ab. Doch er wollte ungeschehen machen, was er selbst getan hatte. Was aber bedeutet das Ende der Geschichte? Wenn zwanzig Weise die Köpfe zusammenstecken, kriegen sie es doch nicht heraus. Menschlicher Verstand konnte das nicht erfinden.
Was hat die Heilige Jungfrau damit gemeint, was sie dem Márko sagte? Es war eigentlich deutlich genug: Die Heilige Majestät Gottes hat ihren Sohn auferstehen lassen, aber darum blieb es doch wahr, daß man ihn gekreuzigt hatte! Und so sind Márkos Vater und Mutter vom Tode auferstanden, aber was nützte es dem Márko?
Es ist eine schrecklich verzwickte Geschichte. Er hatte die beiden getötet. Das war schlimm. Sie sind wieder auferstanden? Auch schlimm.
Wenn einer in der Familie beerdigt wird und seine Frau oder seine Mutter bei ihm wacht und jammert und sich trostlos die Haare rauft und betet, Herr, gib ihn mir zurück, so sage ich

nichts und tröste sie nicht, denn was käme dabei heraus? Nichts. Was könnte ich sagen? Schweig, Frau, es wäre schlimm für dich, wenn der Mann sich jetzt im Sarg aufsetzte. Meine Mutter hat mich bis zum zehnten Jahr gesäugt, und ich habe sie sehr geliebt, und als sie starb, wollte ich, daß man mich zu ihr ins Grab legte. Möchte ich aber jetzt, daß sie auferstehe? Davor bewahre mich Gott! Und sie würde es mir nicht übelnehmen, wenn sie das hörte.

Soll ich weitererzählen? Was habt ihr schon von den vielen Geschichten? Seht ihr, während ihr hier sitzt und neugierig zuhört, habe ich diese paar Kilo Nägel fertiggemacht. Wenn ich wenigstens Nutzen davon hätte, daß ihr da seid. Tut doch etwas! Soll wenigstens einer den Blasebalg an die Esse halten und, wenn ich ein Zeichen gebe, losdrücken, so wie ihr es von mir gesehen habt. Morgen früh soll mein Schwiegersohn noch die paar Rohrschellen dem Klempner bringen.

So, zuerst halte ich das Eisen hinein. Nun blast zu, daß euch Gott segnet!

Das Märchen von János Nadara

Es war einmal ein König, der hatte eine wunderschöne Tochter. Sie war so herrlich schön wie keine andere auf der Welt. Ihr königlicher Vater ließ ihr einen Palast bauen, darin waren hundert Zimmer. Dort sollte sie wohnen, daß niemand ihr nahekommen könne, solche Angst hatte der König um sie. Auch wenn Prinzen zu Besuch kamen, durften sie das Mädchen nicht sehen, denn der König meinte, so könne es sich auch hundert Jahre schön und heil erhalten.

Aber es kam anders, als der König gedacht hatte. Eines Tages mußte er, ich weiß nicht weshalb, verreisen. Doch das wäre nicht so schlimm gewesen. In seiner großen Eile ließ er den Schlüssel im Tor des Palastes stecken. Sonst trug er ihn immer bei sich in der Tasche. Als dann die Prinzessin eines Tages aus dem Fenster schaute, bekam sie Lust, spazierenzugehen. Sie drückte die Klinke des Tores herunter. Das Tor war offen. Da ging sie in den Wald. Bald wurde das schöne Prinzeßlein durstig. Kein Wunder, sie war ja nicht gewöhnt, lange zu gehen. Woher aber Wasser nehmen?

Zum Schloß war es weit, bis dahin würde sie es nicht aushalten. Da erblickte sie eine kleine Hütte und ging auf sie zu. Sie klopfte an und ging hinein. Am Tisch saß eine alte Hexe, die Rozsdás. Ein komischer Name, aber sie sah wirklich aus wie verrostet.

Die Königstochter sagte, was sie hergeführt habe. Da nahm die alte Rozsdás einen Topf vom Regal und stellte ihn vor die Prinzessin hin.

»Da hast du, Mädchen, trink!« sagte sie. Gut. Die Prinzessin trank, bedankte sich schön und ging hinaus.

Jedoch mit dem Wasser hatte es eine besondere Bewandtnis. Denn die Hexe hatte den Schleim von allerhand Tieren hineingetan, und davon wurde dem Mädchen schlecht.

Aber das war nicht das Schlimmste. Sie ging nach Hause. Als sie dann mit ihrem Vater beim Abendbrot saß, bemerkte der

König, daß die Prinzessin immer dicker wurde. Umsonst versuchte er es mit Zauberformeln und Gebet.
»Du, Mädchen, was ist mit dir?«
Der König ließ sofort ein Schiff bauen, ließ Essen hineinpakken und fuhr mit seiner Tochter hinaus aufs Meer. Sie kamen nicht weit, da gebar die Prinzessin einen Jungen. Der konnte gleich sprechen. Seine Haut bestand aus Fellen von allerlei Tieren. Er brauchte keine Kleider. Ja, und daß ich es nicht vergesse: Er hatte einen riesigen Appetit und aß alles, was die Tiere essen, deren Felle er trug.
Aber die Prinzessin bekam Fieber und starb. Was jetzt? Sie waren mitten auf dem Meer, und es gab nicht mehr viel zu essen. Der Junge aß auch alles auf, was für die Mannschaft bestimmt war, so groß war sein Appetit. Das war eine böse Sache. Was weiter? Der Junge nahm das Steuer und lenkte das Schiff ans Ufer, wo es festgemacht wurde. Da ging der Junge an Land und sagte zu den Leuten, sie sollten auf ihn warten. Von irgendwo hörte er Glockengeläute, also ging er darauf los. Alsbald gelangte er in eine Stadt. Dort war gerade großer Markt. Da faßte der Junge eine Plane, auf der die Marktweiber ihre Ware ausgebreitet hatten, knüpfte die vier Enden zusammen und machte sich damit davon. Als die Frauen sich von ihrem Schreck erholt hatten, war der Junge schon verschwunden. Auf dem Schiff verteilte er die Sachen, die er mitgebracht hatte, aber soviel es war, es hielt doch gerade einen Tag vor. Denn der Junge aß so viel wie alle Tiere, deren Felle er trug.
Also ging er am anderen Tag wieder zur Stadt und holte neuen Vorrat. Das wollten sich die Marktweiber nicht gefallen lassen. Der frißt unser ganzes Vermögen auf, sagten sie sich und steckten die Köpfe zusammen und berieten, was da zu tun sei. Dabei kam nicht viel heraus, und es blieb ihnen nichts anderes übrig, als zum König zu gehen und ihm die Sache zu melden. Der König aber ließ alle seine Soldaten versammeln und befahl ihnen, den Jungen zu fangen. Sie folgten ihm vom Markt bis zum Schiff, und da er nicht mitkommen wollte, schossen sie auf ihn. Der aber hatte nicht umsonst das Blut vieler Tiere in sich, er war sehr mutig. Er fing die Kugeln eine nach der anderen auf und warf sie auf die Soldaten des Königs zurück. Da flohen die Soldaten.
Und die Schiffsleute gaben dem Jungen den Namen János

Nadara, weil er gar so mutig und tapfer war. Der Junge aber, also der János Nadara, sah jetzt, daß es mit dem Räuberleben nicht mehr lange gehen würde, also schickte er die Schiffsleute weg und sagte ihnen, er gehe jetzt in die weite Welt hinaus. Das tat er auch. Er durchwanderte viele Länder, bis er in einen großen Wald kam. In dem großen Wald stand eine kleine Hütte. Er ging hinein.

Und wer saß in der kleinen Hütte am Tisch, was meint ihr? Also die Rozsdás, die verrostete Hexe, daß die Pest sie hole!

Die Hexe aber sagte:

»Wie schön sind deine Felle, Junge. Aber wie du aussiehst, wirst du kein Mädchen für dich finden. Ich kann dir sagen, wie du das alles los wirst. Du wirst drei Jahre und drei Tage bei mir dienen, dann zaubere ich dir die Felle weg.«

Der Junge war einverstanden.

Schnell verging die Zeit, und es kam der Tag, da hatte der Junge seine Jahre abgedient. Da fragte ihn die schlaue Hexe: »Na, mein Knecht, was verlangst du als Lohn für die drei Jahre fleißiger Arbeit?«

Inzwischen hatte der János Nadara bei der Alten schon so viel Hexerei und Zauberei gesehen, die auch ihm zugute kommen könnten, daß er sein Tierfell ganz vergessen hatte. Dazu hatte wahrscheinlich die Hexe beigetragen, aber wie sollen wir dem jetzt nachgehen? Genug, daß es so war.

Wie es auch gewesen ist, der János Nadara kam dabei gut weg. Was sollte er sich wünschen? Im Hof der Hexe war ein Dunghaufen, darin war ein Pferd so weit eingegraben, daß nur sein Kopf frei war. Da sagte der János Nadara zur Hexe, er möchte das Pferd haben. »Gut«, sagte sie, »zieh es heraus.«

János warf dem Pferd einen Halfter über den Kopf und zog daran mit aller seiner Kraft. Bald hätte er dem Pferd den Kopf abgerissen. Als es endlich draußen war, konnte es sich kaum auf den Füßen halten.

»So, jetzt geh«, sagte die Hexe, »das Pferd hat im linken Ohr ein Taschentuch, das hole heraus und nimm es in die linke Hand, dann wische damit dreimal über das ganze Pferd.«

János tat so. Da wurde das Pferd rund wie eine Melone und ganz feurig.

»Jetzt steig hinauf auf den Hühnerboden, in einem Korb findest du den Futtersack, daraus gib dem Pferd immer zu fressen.«

János Nadara dankte der Hexe für ihre Güte, schwang sich auf das Pferd und galoppierte davon.
Es war ein Zauberpferd und erhob sich mit seinem Reiter hoch hinauf in die Wolken. Da sagte es:
»János, mein Herr! Ich möchte essen! Seit zwei Jahren habe ich nichts gegessen!«
Ich will nicht behaupten, der János Nadara hätte sich geängstigt, er wunderte sich nur sehr, als er das Pferd reden hörte. Er hängte ihm den Futtersack um. Soll es einmal satt werden! Das Pferd fraß und fraß, und trotzdem wurde der Hafer nicht weniger. Ein so nützliches Geschenk hatte ihm die Hexe gemacht. Jetzt aber sagte das Pferd:
»János, mein Gebieter, ich möchte trinken! Seit zwei Jahren habe ich nichts zu trinken bekommen!«
»Was soll ich dir zu trinken geben?« fragte János.
»Lassen wir uns auf die Erde hinunter«, antwortete das Pferd. »Dort ist die Sache ganz einfach. Du fällst einige Bäume, schichtest sie übereinander und zündest sie an. An der Flamme trinke ich mich dann satt.« So geschah es auch. Aber daß ich es nicht vergesse: Inzwischen ereignete sich noch etwas. Als sie niederzugehen begannen, rutschte das Pferd unter János weg. Doch als sie schon nahe der Erde waren, flog es wieder herbei und nahm den János auf den Rücken.
»Na, wie fühlst du dich, János, mein Herr?«
»Der Reif hat mich in die Ohren gezwickt.«
»Weißt du, warum?«
»Nein, wenn du es mir nicht sagst.«
»Weil du mich so heftig aus dem Dunghaufen gezogen hast, daß mein Kopf beinahe abgerissen wäre. Sei mir aber darum nicht böse, denn ich werde dir bis an dein Ende treu dienen.«
»Ich bin dir nicht böse. Aber gerade fällt mir ein, daß die Hexe alle die Felle nicht von mir genommen hat. Und sie hat gesagt, so, wie ich aussehe, wird mich nie ein Mädchen haben wollen. Sag mir, mein kluges Pferd, was soll ich jetzt tun?«
»Eine Kleinigkeit das Ganze, János, mein Herr. Ich sag's dir gleich. Ich war schon in dem Dunghaufen, als die Hexe den Schleim von allerlei Tieren in den Topf laufen ließ, aus dem sie dann deiner Mutter zu trinken gab. Ich erfuhr schon damals, wie der Zauber zu lösen ist. Paß gut auf. Ganz oben auf dem Gläsernen Berg wohnt eine Fee, man nennt sie Luludji. Darum Luludji, weil sie die einzige wunderbare Blume auf

dem kahlen Gläsernen Berg ist. Sie, die Fee Luludji, wird sich vor deinem Tierkleid nicht grauen. Und ihr Kuß wird den Zauber von dir nehmen. Aber es ist nicht leicht, an sie heranzukommen, denn königliche Prinzen wetteifern um ihre Hand. So mancher hat sich das Genick gebrochen, als sein Pferd den Abhang des Gläsernen Berges hinunterstürzte. Denn alle kommen mit schwerem Gepäck, mit Säcken voll Gold. Wenn sich die Fee Luludji aus dem Fenster neigt, muß der verliebte Prinz bei jedem Wort, das sie spricht, ein Goldstück in ihr Zimmer hineinwerfen, bis es voll ist. Das ist aber bisher keinem gelungen. Soviel Gold konnte keiner mit sich auf den Gläsernen Berg hinaufschleppen.«

»Woher sollen dann wir das viele Gold nehmen?« fragte der János Nadara.

»Keine Sorge, Herr! Wenn du mir jeden Abend mit Feuer den Durst stillst, sollst du Gold in Mengen haben! Das besorge ich.«

So geschah es. Ich weiß nicht, woher es kam, aber es war bald genug Gold beisammen. Dann brachen sie zum Gläsernen Berg auf, die Fee Luludji aufzusuchen. Sie hatten dreimal soviel Gold bei sich wie die anderen Bewerber, die Königssöhne. Es war Abend, so um acht Uhr herum, als sie unter dem Fenster der zauberdiamantschönen Luludji ankamen. Nicht wie die anderen natürlich, sondern durch die Luft. Sie saß auf dem Fenstersims, die Herrliche, und wenn sie nicht noch siebzigmal schöner war, als das Zauberpferd gesagt hatte, soll mich der Herrgott nicht von hier aufstehen lassen. Sie war so unvergleichlich schön, daß sich die Sterne am samtenen Himmel festklammerten, sonst wären sie vor Staunen heruntergefallen.

Als der János Nadara den Mund aufmachte, um seine Werbung anzubringen, winkte die Tausendschöne ab und sagte: »Ich will keinem gehören, nur einem, der so schön singen kann wie Ritter Danulo.«

Und wahrhaftig, unten am Fuß des Gläsernen Berges begann einer wundervoll zu singen. Es war der Ritter Danulo. Um ihn zu hören, hatte sich die Luludji außen auf das Fenstersims gesetzt.

»Na, hier haben wir nichts verloren«, sagte der János Nadara zu seinem Flügelpferd. Also trug es ihn vom Berg zu Ritter Danulo.

»Was führt dich zu mir?« fragte der Sänger.
»Ich möchte von dir singen lernen«, antwortete der János.
»Ich wußte es längst, daß du einmal zu mir kommen würdest. Ja, ich wußte es, als du noch im Leib deiner Mutter warst. Ich habe besseres zu tun, aber ich will dich doch unterrichten. In drei Tagen werden drei Jahre vergehen, und du kannst es. Dann aber mußt du auch etwas für mich tun.«
»Alles, was du willst«, versprach der János Nadara dem Ritter. Am Abend des letzten Tages konnte der János schon besser singen als der Ritter selber. Und sein Gesang gefiel auch der Fee Luludji besser als die Lieder des Ritters Danulo. Er mußte zuerst ein wehmütiges Lied, dann eine flotte lustige Weise und schließlich ein sehr berühmtes Lied singen.
»Es war sehr schön«, sagte Ritter Danulo, »du hast ausgelernt.«
Hört, was der János gesungen hat:

Tschiriklori, verebori,
Salin ande mri blokori
T'abol lake momelori
Tschiriklori, verebori.

Daje, daje, mri dajori,
Savo hero andjal mange?
Oda hero andjom tuke,
Mule passol tri dajori.

Spätzlein klein, Vögelein mein,
Guckt durchs Fenster zu mir 'rein.
Kerzenstumpf wirft blassen Schein.
Spätzlein klein, Vögelein mein.

Spätzlein klein, Vögelein mein,
Botschaft bringst vom Mütterlein:
Deine Mutter ist am Sterben,
Mußt als Waisenkind verderben.

Das zweite Lied:

Phen thar mange, muri gadschi,
Sar dschiwes tre romeha?
Map'utsch mandar na pramischto,
Ke marel man sar a dilo.

Kleines Frauchen, sag mir doch,
Liebt dein Mann dich immer noch?
Was er mir tut, soll ich's sagen?
Morgens, mittags, abends schlagen.

Und erst das dritte Lied! Das war ein ganz großes Lied, sagten doch zu meiner Zeit die alten Roma: Assi nane – das heißt: Dergleichen gibt es nicht.

Ande	Awt'ar
Tschinde	Dale
Muro	P'andlees
Sero	Andre
Mro	Te naj
Ratoro	K'ere
Ari fojindja!	Muri Gadschi.
Hab' ein	Mutter,
Loch auf	tu rasch
meiner Stirn.	drauf ein
Aus dem	Kraut.
Loche	Eh' mich
fließt Gehirn.	meine Frau anschaut.

Dem Ritter Danulo gefiel, wie ich euch schon gesagt habe, der Gesang des János gar sehr. Es war sehr schön, sagte er, und mehr brauchte der János nicht zu singen. Aber auch die Fee Luludji fand die Lieder wunderbar, und sie verliebte sich gleich in den János Nadara.

Aber das Tollste habe ich beinahe vergessen. Jetzt kam der Ritter Danulo mit seinem Wunsch heraus. Der János sollte ihm also, da er das Singen gelernt hatte, die Fee Luludji vom Gläsernen Berg holen, und wenn er es nicht täte, würde ihn der Ritter um einen Kopf kürzer machen.

Der János erklärte, dazu bedürfe er drei Tage Bedenkzeit. Während der drei Tage aber wechselten der János und die Fee Luludji Botschaften durch Brieftauben, und dabei kam dies heraus: Wenn der János Nadara die Fee sehen wolle, gehe er auf den Berg hinauf, aber so, daß er gehe und doch nicht gehe, und wenn er das nicht könne, würden sie nie einander gehören.

Da sagte der János dem Ritter Danulo, er solle schnell Geschenke für die Fee Luludji zurechtmachen. Er solle eine

Zimbel besorgen, aber so eine, deren Schlegel dem Spieler die Hand führen, und sie solle mit einem Kasten versehen sein, groß genug, daß die Luludji darin Platz habe. So wolle er sie vom Gläsernen Berg herunterbringen.
»Gut, das sollst du haben«, sagte der Ritter Danulo und stellte gleich die Wunderzimbel her.
Als er sie dem Zauberpferd auf den Rücken hob, merkte er nicht, daß der János Nadara in dem Kasten war. Das Zauberpferd stieg mit seiner Last auf den Gläsernen Berg hinauf. So gelangte der János Nadara zu der Fee Luludji, ohne zu gehen. Die Luludji freute sich so sehr über die Wunderzimbel, daß sie fast in Ohnmacht fiel. Sie nahm die Schlegel und diese führten ihre Hand gehorsam über die Saiten. Das ergab eine wundervolle Melodie.
Während der Zeit saß die Mutter der Fee, eine Hexe, oben auf dem Wetterhahn, und sie sah, wie sich der Kasten der Zimbel öffnete und der János Nadara herausschlüpfte. Da sagte sie zu ihrer Tochter:
»Warte, warte nur, du Mädchen! Die Zimbel wird dich den Kopf kosten!«
Die Luludji flüsterte dem János zu, er solle schnell zurückschlüpfen, aber es war zu spät. Denn die Hexe hatte den Bruder der Luludji gerufen, der auch schon kam, mit so schwerem Tritt, daß der Gläserne Berg Sprünge bekam.
»O mein Liebster, mein einziger Geliebter, was wird jetzt werden? Allen, die mich hätten gewinnen können, hat der Trastuno Manus das Genick gebrochen, und das wird er auch mit dir machen. Denn mein Bruder ist wegen seiner Stärke auf der ganzen Welt berühmt, darum nennt man ihn Trastuno Manus.«
»Sei unbesorgt, Luludji, mein Blümelein!« sagte János stolz. Damit ging er aus dem Palast, um den Trastuno Manus zum Kampf zu stellen. Er machte sein Zauberpferd los und ritt darauf dem Trastuno Manus entgegen. Auch der kam mit einem Pferd, aber er führte es neben sich am Halfter. Zuerst hetzte er das Pferd auf den János, aber daraus wurde nichts, denn die beiden Pferde umarmten und küßten einander. Sie waren Geschwister. Da ergriff der Trastuno Manus den János und warf ihn hin, daß er ein Loch in den Gläsernen Berg schlug und bis an die Knie darin versank.
Doch jetzt war der János an der Reihe. Er schlug den Tra-

stuno Manus mit solcher Gewalt nieder, daß der bis an die Hüfte versank. So ging es weiter. Schlag auf Schlag, bis der Trastuno Manus schließlich ganz in dem Gläsernen Berg verschwand. Vor Kummer um den Sohn starb dann auch seine Mutter, die Hexe.
»Mein Geliebter, mein Herz, ich bin dein und du bist mein!« rief die schöne Fee Luludji und schloß den János Nadara in die Arme. Von der Umarmung fielen alle die Tierfelle von dem János Nadara ab.
»Gut, gut, Luludji, laß mich in Frieden! Wenn du schon als Mädchen soviel Unheil angerichtet hast, wie wird es erst sein, wenn du eine verheiratete Frau bist! Ich möchte lieber den Ritter Danulo zum Freund haben als dich zur Frau.«
Sprach's und brachte die Fee zu dem Ritter hinunter. Und weil er keine Frau kennt, kennt er bis heute auch keine Furcht, der János Nadara.

*

Na, blas nicht so wild mit dem Blasebalg, sonst fliegen wir noch alle in die Luft. Alle Nachbarn hören das Geheul und werden wieder sagen: Gibt keine Ruhe, der alte Napo, um vier Uhr früh hämmert er noch! Daß doch endlich seine Seele selbst als Rauch durch den Schornstein der Welt entweicht! Und sie kennen doch meine Art. Vormittags döse ich draußen an der Sonne, nachmittags schneide ich mir das Eisen zurecht, und am Abend geht's an die Arbeit, dann hämmere ich, bis die Sonne wieder aufgeht.
Seht ihr, die Leute haben sich das Erzählen vielleicht darum abgewöhnt, weil sie auch im Sommer bei Tage arbeiten. Da saufen sie immerzu Wasser, und davon werden sie so blöd, daß sie die Sprache verlieren, und es wird gerade umgekehrt als im Märchen: nicht drei Jahre sind drei Tage, sondern acht Stunden sind acht Jahre. Wenn das Gas sie nicht vorzeitig erstickt, holen sie sich die Wassersucht. Auf die versteht sich kein Arzt, es ist eine sonderbare Krankheit, Hände und Beine schwellen an, und man ist nicht imstande, zu arbeiten. Und die Verona Kuszka und die Mari Rafel, die gute Säfte kochten, die das Wasser vertrieben – die sind längst tot.
Darum arbeiten wir, die Alten, bei Nacht, da ist es kühl, und niemand stört uns, und wir haben unsere Sache früher fertig.

So lassen wir auch unsere Frauen nicht mit sechs oder zehn Kindern zurück, und bei manchem waren es siebzehn. Wir Alten arbeiten nicht nur mit der Hand, sondern auch mit dem Verstand.
So ist es heute, auch in den kleinen Dingen. Die Zigeuner haben ihre alten Gewohnheiten aufgegeben, und mit dem Neuen wissen sie nichts anzufangen. Da ziehen sich die Mädchen neuartige Kleider an, aber die Haut darunter bleibt, wie Gott sie erschaffen hat, dagegen kann der beste Schneider nichts machen. Wenn sie auf mich hören wollten, würde ich es den Roma und auch den Gadscho ins Gesicht sagen. Ich will uns selbst nicht loben, aber unser Volk ist schön, wenn unsere Gewohnheiten und Sitten auch anders sind als bei den Gadscho. Und es gibt keinen Burschen unter den Gadscho, der sich nicht an ein Zigeunermädchen herangemacht hätte. Und daß es vielen gelungen ist, sieht man schon daran, wie vielerlei Zigeuner es gibt, der eine hat solche Augen und Nasen, der zweite andere, aber der Zigeuner heiratet lieber eine aus unserem Volk als eine Gadschi. Manche sind so schön, daß man glauben könnte, sie sind die Töchter von ihrem Thron vertriebener Fürsten. Und weil wir mit dem Heiraten so vorsichtig sind, wie es, so erzählt man, die Pharaonen waren, glaube ich doch, daß die alte Sage richtig ist:

Wir sind das Volk der Pharaonen

Soviel wissen wir – und auch der Raschaj sagt es in der Kirche –, daß Gott dem Pharao so lange Plagen geschickt hat, bis er sich ergab und die Juden gehen ließ. Die Juden hörten auf den Moses, und Gott – er wußte, warum – erhörte den Moses. Und Moses setzte es auch durch, überredete Gott, ich weiß nicht, wie er es gemacht hat, daß er im ganzen Land die Erstgeborenen erschlug, auch den Erstgeborenen des Pharao, das heißt also, auch einen von den Zigeunern, denn wir waren das Hausvolk des Pharao, seine Verwandten.

Und das alles darum, weil der Pharao die Juden nicht weglassen wollte.

Nie habe ich verstanden, warum er sie so sehr brauchte, und einmal habe ich einen Raschaj danach gefragt. Der sagte mir, der Pharao hätte die Juden schon gleich ziehen lassen, aber Gott habe das Herz des Pharao gehärtet, damit dann er, nämlich Gott, Wunder tun könne. Gut, alle großen Herren haben ihre Schrullen, warum also nicht auch der Herrgott?

Am Ende ließ der Pharao also die Juden ziehen, denn auch die übrigen Roma sagten ihm, er soll sie freigeben, sie würden auch ohne die Juden irgendwie weiterkommen.

Soweit war es also, die Juden zogen ab und nahmen Gold und Silber und alles mit, was der Pharao an teuren Sachen hatte. Trotzdem freuten sich die Roma – weg sind sie, Gott sei mit ihnen.

Aber, so sagte der Raschaj, Gott kam zum Pharao und hetzte ihn auf, warum er sich so berauben lasse und zugegeben habe, daß die Juden alles fortschleppten. Und gerade er hatte den Juden gesagt, sie sollten alles Gold und Silber mitnehmen, das sie finden könnten. Das ist kein Märchen, sondern Wahrheit und Wirklichkeit. Der Pharao wurde wütend. »Verfluchte Juden, habt alles weggeschleppt!« Und er sammelte ein Heer und Wagen und Pferde, und los, ihnen nach!

Auch uns, seine Verwandtschaft, lud er schnell auf. Umsonst sagten wir, er solle doch wenigstens uns zu Hause lassen. Gott

ist der Freund der Juden, und wer Gott zum Freund hat, der wird selig, und es muß auch jemand auf das Feuer achtgeben, während der Pharao fort ist. Alles umsonst. Er lud uns auf Wagen und Pferde, und dann los!

Es gab auch ein Unglück, wie wir es vorausgesagt hatten. Durch die Wüste kamen wir noch irgendwie, aber die Juden waren schon mitten im Roten Meer. Der Moses hatte mit einem Stock auf das Wasser geschlagen; das Wasser teilte sich, und die Juden kamen trockenen Fußes hinüber.

Aber nicht das Heer des Pharao! Auch seine Soldaten erreichten die Mitte des Wassers, aber Moses und seine Juden waren schon am anderen Ufer. Da nahm der Moses wieder seinen Stock, schlug auf das Wasser, und das floß wieder zusammen über den Köpfen des Pharao und seiner Soldaten.

Verloren der Pharao und sein ganzes Volk!

Das heißt, nicht das ganze! Denn wir, die Roma, das Hausvolk, waren am Ufer geblieben und warteten, wie die Dinge ausgehen würden. Mochte sich unser Herr Verwandter mit den geheiligten Soldaten Gottes allein raufen.

Als wir sahen, daß das Wasser über dem Kopf des Pharao zusammenschlug, dachten wir: »dschass k'erc«, und kehrten um. Dann wollten wir aus unserer Mitte einen neuen Pharao wählen, und alles würde in Ordnung sein.

Aber Gott hatte auch an uns gedacht. Ich mache noch ein zweites Wunder, sagte er sich, und ließ einen Wirbelsturm auf uns los. Der fegte Wagen und Pferde durcheinander. Als wir uns von dem Schrecken erholt hatten, war die ganze Verwandtschaft weg, die einen hatte der Sturm dahin, die anderen dorthin geweht. Seither sind wir über die ganze Erde verstreut. Dabei sind auch die Tapfersten unseres Volkes verlorengegangen.

Noch ein Wort. Was ist aus den Juden geworden? Es wird erzählt, sie seien noch vierzig Jahre durch die Wüste gewandert, und keiner von den Alten habe die neue Heimat erlebt. Die einen erlagen der Sonnenhitze, die anderen dem Durchfall.

Inzwischen lebten die anderen Völker, die mit Gott nicht so und nicht so standen, weder seine Freunde waren noch seine Feinde, munter und vergnügt weiter. Und am Ende zerstreute Gott auch die Juden über die ganze Welt, wo er doch ihr Gönner war.

Ich will euch etwas sagen. Mich soll Gott nicht begönnern,

mit mir soll er nicht Freundschaft schließen, mich soll er in Frieden lassen.
Aber sagt das nicht dem Raschaj, denn der bringt uns manchmal Kleider und dieses und jenes.

*

Ich will auch nicht sagen, daß wir ihn nicht dann und wann brauchten. Ich bin ein alter Mann und kann nicht mehr ununterbrochen arbeiten. Selten kommt jemand, dem ich Geschichten erzählen kann. Da merke ich nicht, wie die Zeit vergeht.
So war es auch früher, noch zur Zeit meines Vaters und meines Großvaters. Im Winter, wenn die Abende lang sind, gingen wir mit den Hühnern ins Bett. Das heißt, nicht ins Bett, denn wir waren unser sechzehn, und so wurde längs der Wand Stroh ausgebreitet, darauf legte uns die Mutter und deckte uns mit einem großen Federbett zu. Darunter wälzten wir uns herum, rauften und zwickten einer den andern, bis keiner mehr seine Glieder finden konnte, so durcheinander waren wir geraten. Da schliefen wir auf einem Haufen ein. Nun warf unsere Mutter noch etwas ranziges Fett aufs Feuer, dann legte sie sich zwischen uns, wo sie gerade Platz fand. Mein Vater aber schnitt sich das Eisen für die Nägel zu, die er am nächsten Tag machen wollte. Schließlich legte auch er sich zwischen uns. Als wir aufwachten, pfiff bereits der Blasebalg. Schnell sprangen wir auf, so viele wir waren, Kleine und Große, und hinaus in die Werkstatt! Wir wollten helfen, denn unser Vater hatte uns für den Abend eine neue Heldentat des János Nadara versprochen, und wer nicht arbeitete, der durfte auch nicht auf dem Wagen in die Stadt.
Bis zum Donnerstag waren die Nägel beisammen, genug für eine oder zwei Fuhren. Es war noch dunkel, und wir spannten schon das Pferd vor den schönen kleinen Szegediner Korbwagen. So machte es die ganze Verwandtschaft. Zehn, zwölf Wagen fuhren aus unserem Dorf nach Pest. Unten lagen die Nägel schön sortiert, obendrauf saßen wir, alle Kinder und unser Vater. Wir hatten unsere bestimmten Händler und die Poliere, die unsere Ware kauften. Zuerst fuhren wir zum Haus des Poliers. Dort stieg unser Vater ab, so wie er war, in seinen weiten Bauernhosen und barfuß und klopfte an. Der Polier

wartete schon auf uns, denn er wußte, daß wir so früh kommen. Er hätte sofort die ganzen Nägel gekauft, aber mein Vater wußte, wie man mit so einem Polier umzugehen hat. Schließlich einigten sie sich, daß eine Rechnung über dreißig Kilo Rabitznägel ausgestellt wurde, der Polier fünfundzwanzig Kilo bezahle und mein Vater nur zwanzig Kilo dalasse. So kam jeder gut weg. Der Polier hatte fünf Kilo Nägel verdient und mein Vater fünf Kilo weniger geliefert, als bezahlt wurden. Der aber, an dessen Haus statt dreißig Kilo Nägel nur zwanzig eingeschlagen wurden, merkte nichts.

Dann fuhren wir zu den Marktleuten; die teilten sich in den Rest der Nägel und kauften die Klampen, einige Röhrenklammern und was sonst noch da war. Bis Mittag hatten wir genug für die nächste Woche und fuhren nach Hause.

Vor den Polizisten hatten wir große Angst. Wir Kinder duckten uns sofort auf den Boden des Wagens, wenn sich irgendwo so ein Helm mit der langen Spitze darauf zeigte. Unsere Eltern schreckten uns mit den Polizisten:

»Dikhess le tschatschune! Maj adoj terdjol!« – Schaut hin! Dort steht ein Polizist! Gleich holt er euch!

Darum hieb aber auch der Vater auf die Pferde los, wenn einer sichtbar wurde.

Abgesehen von der Angst vor den Polizisten, haben wir sehr gut gelebt, so erinnere ich mich jedenfalls.

»Na parowaw me nika saha«, pflegten die Alten zu sagen. – Ich würde mit niemand tauschen. »Mer te me kana jek dij butikera, o gadscho saj kerel zilo kurko« – denn was ich an einem Tag verdiene, verdient ein Bauer höchstens in einer Woche. Nur machten wir alles verkehrt. Wir hatten keinen Sinn für eine schöne Wohnung oder einen guten Anzug und verspotteten die Bauern, die darauf Wert legten:

Nano lowe, nane mass,
Nane kotor balewass.
Keinen Schinken, kein Stück Speck,
Und das ganze Geld ist weg.

Wir aber aßen fette Gänse, und wenn wir einen Bauern erblickten, spien wir aus.

»K'andel duwal!« – Er stinkt von weitem!

Der Bauer tat es ebenso mit uns: »Dreckiger Zigeuner, stinkiger Zigeuner!« Dabei schleppten wir alle dasselbe Joch.

Mit einem Wort, auch wenn ich Gott wäre, könnte ich da nicht Recht sprechen. Eines aber merkt euch gut. Damals nannten die amtlichen Herren den Bauern Landarbeiter und den Zigeuner Zigeuner. Heute nennen sie den Bauern Bauer, und das ist gut so. Das ist doch schließlich keine Erniedrigung. Er verdient sein Brot mit ehrlicher Arbeit. Aber für den Zigeuner gibt es heute keine amtliche Bezeichnung, den musizierenden Zigeuner nennt man Volkskünstler oder sonstwie. Nur manche Gadscho verachten uns, aber sie zeigen es uns nicht und sagen nur hinter unserem Rücken »dreckiger Zigeuner«.

Ich bin Ungar wie jeder andere, hier wurden meine Ahnen geboren, hier lebten sie, hier sind sie begraben. Aber wenn es dem Gadscho Vergnügen macht, soll er mich Zigeuner nennen, mir ist es gleich. Ich verleugne mein Blut nicht. Aber dann soll man meine Enkel eine solche Schule besuchen lassen, wie sie die slowakischen, die schwäbischen, die walachischen Kinder haben. Mit einem Wort, wo sie schön zigeunerisch sprechen, Märchen, Geschichten und Lieder lernen, damit sie den anderen Kindern sagen können, die sie »Schwarze« und »Rußige« nennen, ja, ich bin Zigeuner. Ich habe meine Sprache wie ihr, meine Märchen, meine Lieder, alles, wodurch ein Volk Volk ist. Dann werden wir ganz andere Menschen sein, man soll uns nur die Achtung zollen, die uns für unsere Arbeit zukommt. Das sage ich euch, der alte Napo mit seinen neunzig und etlichen Jahren, der viel Gutes und Böses erlebt hat.

Also kommt wieder, und wenn es geht, bringt wieder ein paar Zigarren von der billigeren Sorte.

Nachwort

Lange Zeit war allgemein die Ansicht verbreitet, die Zigeuner entbehrten jeder höhergearteten schöpferischen Fähigkeit. Dann folgte eine Epoche, es war der Anfang des vorigen Jahrhunderts, da man in ihnen die Wahrer der ungarischen Musik sehen wollte. Jahrzehnte hindurch wurde darüber gestritten und Material gesammelt, bis sich erwies, daß die Melodien, die man gemeinhin als Zigeunermusik bezeichnet, einfach volkstümliche ungarische Kunstlieder waren, und daß die Zigeuner nicht ihre Schöpfer waren, sondern ihre hervorragenden Interpreten.

Diese Diskussion lenkte die Aufmerksamkeit der Forscher auf ein bislang unbekanntes Gebiet: Sie entdeckten die Volksdichtung der Zigeuner. Man fand, daß es wohl auch Volkslieder der Zigeuner gibt, doch die hat man nicht bei den Musiker-Zigeunern zu suchen. Beim Sammeln der Lieder stieß man dann auch auf die Zigeunermärchen. Auch Philologen sammelten für die Zwecke der Sprachanalyse Zigeunermärchen. Mehr und mehr Material kam zutage, doch bei weitem nicht der ganze Reichtum der Märchenwelt dieses Volkes, erklärten doch alle Forscher, der Märchenschatz der alten Zigeuner sei schier unerschöpflich. Wie Scheherezade, so könnten auch sie den Faden ihrer Geschichten durch tausendundeine Nacht abrollen lassen.

Das Märchenerzählen gehört zum Alltagsleben der Zigeuner, es ist ihnen geradezu ein Lebensbedürfnis. Es belebt die Eintönigkeit ihrer in schwerer Arbeit verbrachten Werktage. Vor allem im Winter, wenn es früh Abend wird, versammeln sie sich in einem der Zelte und sitzen dichtgedrängt um den Herd herum, der zugleich auch die einzige Lichtquelle ist, und besprechen die Vorkommnisse des Tages, bis dann einer zu erzählen beginnt. In ihre Märchen verweben sie ihre Sehnsüchte, ihre Erfahrungen und ihre Weltanschauung. Die Märchen sind der Spiegel ihres unsteten Lebens. Das Erzählen ist das Amt der Männer. Wie das Handwerk vererben sich die

Märchen von Generation zu Generation. Im Märchenschatz der Zigeuner finden sich alle Varianten dieser Kunstart. Er enthält viele von anderen Völkern übernommene Elemente, die sich die Zigeuner zum Teil zur Zeit ihres Wanderlebens, zum Teil in den Jahren ihrer Seßhaftigkeit von ihren Nachbarn zu eigen gemacht und organisch in ihre eigenen Märchen eingefügt haben. Auch Lieder haben sie von anderen Völkern übernommen, während sie sonst, wie die Forscher einhellig feststellen, eine entschiedene Abneigung gegenüber fremden Kulturgut bekunden.

Die Geschichte der Zigeuner lag Jahrhunderte lang im Dunkeln. Man wußte nicht, woher sie nach Europa gekommen waren. Ihre Sprache und ihre Lebensgewohnheiten waren unbekannt. Sie ihrerseits verdichteten den Nebel ihrer Herkunft noch durch ihre religiös gefärbten Erzählungen, indem sie vorgaben, sie seien Wallfahrer und hätten wegen ihres Glaubens Verfolgungen erlitten. Daher stammen die unterschiedlichen Bezeichnungen in den einzelnen Sprachen, aus denen man auf ihre Herkunft zu schließen versuchte. Sie selbst nennen sich »Rom« oder »Manus«, was soviel bedeutet wie »Mensch«.

Am weitesten war die Ansicht verbreitet, die Zigeuner stammten aus Ägypten. Das führte zu der Auffassung, sie hätten schon vor dem Beginn unserer Zeitrechnung die Erde durchwandert und seien bis Mittelamerika gelangt, wo sie den ägyptischen Pyramiden ähnliche gigantische Bauwerke errichtet hätten. Andere Theorien leiteten ihre Herkunft bald von den Sarazenen, bald von den Amoriten, den Tataren oder von den Athinganen ab. Ein Forscher hielt sie sogar für deutsche Juden, die der Auslösung der Pest beschuldigt wurden und deshalb geflüchtet seien. Schließlich fand der Ungar István Vályi durch Zufall den richtigen Weg zur Klärung dieses Problems. Er studierte an einer ausländischen Universität zusammen mit Studenten aus Malabar, einer Landschaft in Südindien, und es fiel ihm auf, wie sehr ihre Sprache der Zigeunersprache ähnelt. Er fertigte ein Verzeichnis malabarischer Wörter an und verglich sie mit den entsprechenden Ausdrücken der Zigeunersprache. So stellte er fest, daß die Zigeunersprache indischen Ursprungs sein müsse. Diese Spur weiterverfolgend, ermittelten andere Forscher, daß die Zigeunersprache zu den dem Sanskrit verwandten neuindischen

Sprachen gehöre. Im Verlaufe der Jahrhunderte gelangten viele fremde Elemente hinein, und es entwickelten sich zahlreiche Idiome. Durch die Analyse des Sprachschatzes der Zigeuner konnte dann auch der Weg ihrer Wanderungen ermittelt werden. Ihre Herkunft aus Indien wurde auch durch anthropologische Untersuchungen bestätigt. Die Zigeuner mit nur geringem fremdem Einschlag gemahnen an Indiens Urbewohner, die Drawiden. In ihren Gewohnheiten sind auch heute noch Spuren charakteristischer Züge des indischen Kastensystems feststellbar. Ihre Wanderungen lassen sich vom zehnten Jahrhundert an verfolgen. Damals verließ ein Teil des Volkes aus unbekannten Gründen seine Urheimat, Nordwestindien. Dann wanderte die Gruppe nach längerem Verweilen in Persien über Syrien nach Ägypten. Der größere Teil der Wanderer berührte Kleinasien und Griechenland, flutete im fünfzehnten Jahrhundert nach Mitteleuropa und gelangte von da in die westlichen und nördlichen Gebiete des Kontinents. Zu dieser Zeit stand an der Spitze der durch Blutsverwandtschaft bestimmten Gentes der »Vajda«. Ihm zur Seite wirkte ein Ältestenrat nach den Normen des Gewohnheitsrechtes. Im Laufe der Zeit verlor der Vajda immer mehr an Macht, und bei den seßhaft gewordenen Zigeunern hörte sie schließlich ganz auf. Bei ihnen bildete sich das Amt des von den Behörden betrauten Zigeunervorstehers heraus, das aber mit der alten Würde eines Vajda nichts gemein hatte. Der Zigeunervorsteher war nur für die Ordnung der Niederlassung verantwortlich und vertrat die Gemeinschaft vor den Behörden, hatte aber keinen Einfluß auf das Leben des einzelnen und keinerlei Verfügungsgewalt über die Gemeinschaft. Nach Ungarn kamen Zigeuner in größerer Zahl unter König Siegmund (15. Jh.), und damals bekamen sie ihren ersten Freibrief. Anfangs wurden sie in Europa überall gut aufgenommen, doch nach kaum einem Jahrhundert waren sie wegen ihrer unsteten Lebensweise, ihrer Gebräuche und unter der Anschuldigung, Spione der Türken zu sein, unmenschlichen Verfolgungen ausgesetzt. Der blutigste Abschnitt ihrer Geschichte fällt in die Zeit von 1555 bis 1780. Aus den meisten Ländern Europas wurden sie unter Androhung der Hinrichtung ausgewiesen.

In Ungarn, wo sie sich besser in die Gesellschaft einfügten, wurden keine Leib und Leben gefährdenden Verfügungen gegen die Zigeuner erlassen, nur war man immer bestrebt, ihnen das Vagabundieren abzugewöhnen. 1761 und dann neuerlich 1768 erließ Kaiserin Maria Theresia Verordnungen, die ihre Seßhaftmachung bezweckten. Alle Zigeuner sollten im Banat angesiedelt und normalen Berufen zugeführt werden. Der Gebrauch der Bezeichnung »Zigeuner« wurde verboten und sollte durch »Neuungar«, »Neubauer« oder »Neusiedler« ersetzt werden. Im Interesse der völligen Assimilierung verbot Maria Theresia Heiraten innerhalb der Gemeinschaft und ordnete an, daß Zigeunerkinder in Bauernfamilien zu erziehen seien. Josef II. milderte diese Vorschriften, aber auch damit erreichte er den angestrebten Zweck nicht. In der Folge erließen die Städte örtlich gebundene Anordnungen, die in der Mehrzahl wirtschaftliche Zwangsmaßnahmen enthielten. Um die Zigeuner seßhaft zu machen, wurden ihnen der Besuch der Märkte, das Hausieren und der Pferdehandel verboten. Andere Behörden versuchten auf solche Weise weiterzukommen, daß sie mit den Zigeunern sympathisierende Nichtzigeuner, vor allem Beamte, bestraften. Alles umsonst. Ende des vorigen Jahrhunderts unternahm Erzherzog Josef den Versuch, bestimmte Gruppen von Zigeunern anzusiedeln, aber auch er scheiterte. Da wurde eine Ansiedlungsaktion im Landesmaßstab in die Wege geleitet, bei der man die Ursachen des Scheiterns der vergangenen Unternehmen berücksichtigen und sich auf wissenschaftliche Ermittlungen stützen wollte. Als erster Schritt wurde eine allgemeine Registrierung der Zigeuner unternommen, aber zur Lösung des Problems der Ansiedlung kam es nicht mehr.

Die Zahl der in Ungarn lebenden Zigeuner wird auf rund zweihunderttausend geschätzt. Die meisten sind Tagelöhner, doch groß ist auch die Zahl der Musiker, und andere Zigeuner üben verschiedene Gewerbe aus. Sehr gering ist die Zahl der in Intelligenzberufen tätigen Zigeuner.

Die Zigeuner bevorzugen das Handwerk. Sie sind Schmiede, Kupferschmiede, Pfannenschmiede, Klempner, Schleifer, Drahtbinder, Korbflechter, Abdecker, Pferdehändler, Trogschnitzer, Ziegelstreicher, Teppichhändler. Das Gewerbe wird vom Vater auf den Sohn vererbt, der es nach patriarchalischem Brauch schon als Kind erlernt. Im allgemeinen benutzen die Zigeuner primitives Werkzeug und verarbeiten in der Regel Altmaterial und Abfälle, und dementsprechend ist auch *ihre Arbeitsweise primitiver Natur. Ihre Erzeugnisse dienen nur der Befriedigung einfacher Ansprüche und Bedürfnisse, ihre Fachkenntnisse sind begrenzt und reichen nur für die Herstellung einzelner Waren, die meist etwas Dilettantisches an sich haben. Eine rühmliche Ausnahme bilden die Schmiede. Dieses Handwerk erfreute sich zur Zeit des Feudalismus, da es irgendwo immer Krieg gab, großer Nachfrage. Die Zigeuner erwiesen sich als gute Waffenschmiede, ja man schätzte sie auch als Kanoniere. So dienten im Schwarzen Heer des Königs Matthias* viele Zigeunerkanoniere. Ebenso wird berichtet, Balázs Lippai, der berühmte Heiduckenhauptmann Bocskais**, sei Zigeuner und Waffenschmied gewesen. Einige Monarchen und mehrere Städte verliehen den Zigeuner-Waffenschmieden als Anerkennung für ihre Verdienste Privilegien. Sie genossen Steuerfreiheit und durften, was den Zigeunern sonst verboten war, in Städten wohnen. Vielfach gingen aus ihren Reihen die Gemeindeschmiede hervor. Nach dem Zeugnis zeitgenössischer Dokumente wurde ihre Arbeit gut bezahlt. Aus einer Abrechnung geht hervor, daß der Schmied eines Gutes, ein Zigeuner, doppelt soviel Lohn bekam wie der Wagner. Oft gab es Ärger mit den Zünften, und zeitweilig existierte in Debrecen eine eigene Zunft der Zigeunerschmiede.*

Weithin wurde ihre Geschicklichkeit auf diesem Gebiet anerkannt. Bei einem der Bergstämme der Karpato-Ukraine sagte man, wenn einer ihrer Angehörigen sich zum Schmied ausbildete: »Er wird Zigeuner.« In der griechischen und der albanischen Sprache werden die Begriffe »Schmied« und »Zigeuner« mit einem und demselben Wort ausgedrückt. Die hervorragenden Leistungen der Zigeuner als Schmiede verleiteten einige Forscher zu der irrigen Annahme, ihnen sei die Einführung der Bronze in Europa zuzuschreiben.

Nach der Befreiung Ungarns vom Faschismus fügte sich ein Teil der Zigeuner rasch in die Gesellschaft ein. Nagelschmiede und Korbflechter schlossen sich zu Genossenschaften zusammen, Zigeuner arbeiten in Ziegelfabriken, auf Staatsgütern, in Bergwerken und auf anderen Gebieten. Trotzdem haben sie noch vielfach Mißachtung und Diskriminierung zu erdulden.

* Matthias I. Corvinus, König von Ungarn und Böhmen (1458–1490).

** István Bocskai, Fürst von Siebenbürgen (1605–1606), erzwang gegen die Habsburger die Religionsfreiheit für die Protestanten.

Das sind noch Nachwirkungen einer Vergangenheit, lebte der Zigeuner im Volksbewußtsein doch allzulang als ein arbeitsscheuer, fauler, unzuverlässiger, stumpfsinniger, zugleich aber verschlagener, lächerlicher Mensch, als Operetten- und Anekdotenfigur, aber auch als bedauernswertes Wesen, mit dem man sich straflos die derbsten Späße erlauben konnte. Heute sind wir auf dem besten Wege, das jahrhundertealte Problem zu lösen.

Ilona M. Ladvenicza

Erklärung von Wörtern aus der Zigeunersprache

Welcher Sprache auch Zigeuner sich bedienen, immer wieder lassen sie einzelne Wörter aus der Zigeunersprache einfließen. Es ist kein Jargon, denn sie gebrauchen die Zigeunerwörter sehr sparsam.

So sprechen die Zigeuner heute fast überall in Ungarn, vor allem in der Hauptstadt, wo nur wenige von ihnen die reine Zigeunersprache kennen, obzwar es ihrer hier mehr gibt als in anderen Teilen Ungarns. Viele Zigeunerwörter wurden von den zweifelhaften Elementen der Vorstädte übernommen. So entstand dort eine Gaunersprache, die nur die »Eingeborenen« verstehen.

In den übrigen Gebieten des Landes sprechen die meisten Zigeuner noch ihre uralte Sprache, in der sich auch heute noch reine Sanskritausdrücke finden. Doch nicht nur die Beharrlichkeit dieser Sprache ist bewundernswert, sondern auch ihre unverminderte Schöpferkraft. Für neue Begriffe bringt sie früher oder später immer auch die entsprechenden neuen Bezeichnungen hervor. Sie ist also eine durchaus lebensfähige Sprache.

Auf der folgenden Seite die in den Märchen vorkommenden Zigeunerwörter, soweit sie nicht schon im Text erklärt sind:

angrusti	Ring
atschi	aufhören!
bar'baro del	Gott ist groß
baschawen	musizieren
bokhalipe	Hunger
buti	Arbeit
del, dewla	Gott
del o del latschi rat	Gott gebe dir einen guten Abend
deloro	Jesus (kleiner Gott)
dschass k'ere	geh nach Hause
gadschi	Nichtzigeunerin
gadscho	Nichtzigeuner
kames oda!	Liebe ihn!
korojawaw	blind soll ich werden
latscho	gut
lawuta	Geige
lowe	Geld
luludji	Blume
mujalo	Dorfschulze
nane	nichts
nane so te han	nichts zu essen
nonee	Ausruf des Staunens
o del te marel tri godi	Fluch, wörtlich: »Gott schlage dein Gehirn«
pero	Zigeunerviertel
puro	alt
rajkano raklo	Junge aus »feinem« Hause
rajko	Zigeunerjunge
rodas	Geld verdienen
roma, romni	Zigeuner, Zigeunerin
raschaj	Pfarrer
trastuno manus	Eisenmensch
tschajori	Mädchen
tschawo	Bursche
tschore	Diebstahl
tschoren	stehlen
tschoro	arm
tsch'uri	Messer
vajda	Bezeichnung für Häuptling